乡村文化振兴的路径探索

龙文军 张灿强 张 莹 郭金秀 著

中国农业出版社
北京

图书在版编目（CIP）数据

乡村文化振兴的路径探索／龙文军等著 . —北京：
中国农业出版社，2022.1
ISBN 978-7-109-29093-8

Ⅰ.①乡… Ⅱ.①龙… Ⅲ.①农村文化－文化事业－
建设－研究－中国 Ⅳ.①G127

中国版本图书馆 CIP 数据核字（2022）第 005636 号

中国农业出版社出版

地址：北京市朝阳区麦子店街 18 号楼
邮编：100125
责任编辑：周益平 李海锋
版式设计：杜 然 责任校对：吴丽婷
印刷：北京中兴印刷有限公司
版次：2022 年 1 月第 1 版
印次：2022 年 1 月北京第 1 次印刷
发行：新华书店北京发行所
开本：700mm×1000mm 1/16
印张：9
字数：160 千字
定价：58.00 元

乡村多元价值的实现路径（代序）

选择这个主题，一是考虑三农的基础性、战略性、重要性，根植于农业的食品保障、生态涵养、休闲体验、文化传承等多种功能，源自于乡村的生产、生态、生活和文化等多元价值。二是考虑近年来虽然我国农业在国内生产总值中的比例在下降，但乡村多种功能价值日益凸显，乡村产业快速发展，成为我国经济社会发展的"压舱石"和战略后院。2021 年出台的《中华人民共和国乡村振兴促进法》也对发挥乡村特有功能作出了明确规定，那么挖掘乡村多元价值的意义是什么，国内外在挖掘乡村多元价值方面有哪些实践探索，在挖掘乡村多元价值过程中需要注意哪些问题，这些都需要深入研究。

一、挖掘乡村多元价值意义重大

乡村是指城市建成区以外具有自然、社会、经济特征和生产、生活、生态、文化等多重功能的地域综合体。随着现代化建设的持续推进和农业生产发展，乡村的功能走向多样、价值日趋多元，构成了农业农村发展的重要载体和平台。在全面实施乡村振兴、加快推进农业农村现代化的背景下，这些功能、价值的内涵将更加丰富，在经济社会中的重要性将更加凸显。

（一）乡村为农业生产提供要素载体，具有最基础的生产价值

农业作为一个基础产业，为我国社会发展和人民生活提供了充足的食物来源和工业原材料。正是由于乡村为耕地保护、土地综合利用、精耕细作、种养循环等提供了资源和载体，才有了我国农业生产方面的历史性成就，才保证了我国这样一个全球人口大国经济社会的持续稳定发展。所以说，生产价值是乡村的固有价值，是人类生存的重要基础。习近平总书记多次强调，"确保重要农产品特别是粮食供给，是实施乡村振兴战略的首要任务""今后农产品保供，既要保数量，也要保多样、保质量"。这既强调了未来乡村生产价值的极端重要性，也为我们提升乡村生产价值指明了方向。以保障国家粮食安全为前提，全方位、多途径地开发食物资源、延长产业链、提升价值链、融通供应链，拓展乡村食品保障功能，推动乡村生产价值增值，既是满足消费者多样化、个性化需求的必然要求，也是提高我国农业综合效益和竞争力的关键所在，更是实现乡村产业兴旺的动力源泉。

（二）乡村有完整的复合生态系统，具有不容忽视的生态价值

习近平总书记强调，良好生态环境是农村的最大优势和宝贵财富。乡村的生态环境是一种区别于城市的复合生态系统，该系统通过环境的作用推动了物资与能量的循环，为人们提供了一种更加友好的生产生活空间，比如北方的冬麦田、玉米地，既是我们的食物来源，也起到了防风固沙护土的重要作用；南方的稻田实际上就是湿地，既是美丽的风景，也是减排固碳的载体。有专家测算，一公顷的双季稻每年可固碳 8 000 多千克，相当于两亩公益林的固碳量。过去，由于生产力水平低，为了多产粮食，我们不得不毁林开荒、毁草种田、填湖造地，现在温饱问题解决了，保护农业生态环境，发挥乡村生态价值，就显得尤为重要了。就拿长江来说，过去是大开发，过度捕捞、排污严重、航运繁忙，导致流域生态环境受到极大破坏，生物完整性指数已经到了最差的"无鱼"等级。如果母亲河丧失了生物多样性，中华民族怎么永续发展？习近平总书记指出，长江禁渔代价不小，但比起全流域的生态保护还是值得的。发展生态循环农业，促进减排低碳加工，让农业生产经营朝着有利于人类生存和健康的方向发展，让乡村生态优势转化为生态价值，中华民族永续发展就有了保障，现代化和经济社会发展进步也有了空间。

（三）乡村是人们对田园生活的向往之所，具有丰富的生活价值

"稻花香里说丰年，听取蛙声一片""采菊东篱下，悠然见南山"。自古以来，人们对田园生活充满向往。现在，工业化、城镇化快速发展，城市里的工作压力越来越大，生活节奏越来越快，乡村的田园生活、清洁空气、原生态产品、原住民节庆等越来越珍贵，亲近自然、体验农事、感知春种秋收的乡村生活已经成为一种时尚，乡村的生活价值日益凸显。2020 年，李子柒当选为中国农民丰收节推广大使，她用现代新媒体技术和方式讲述传播乡村故事，其本质就是一种生活价值的传递，是新时代乡村生活价值的展现。对乡村生活价值的重视与挖掘，不仅将推动乡村体验业态与乡村旅游业的发展，也将成为乡村振兴的重要抓手和动力，更会将乡村变成人们休闲观光、农事体验、养生养老的新空间。

（四）乡村是我国传统文明的发源地，具有源远流长的文化价值

习近平总书记强调，农耕文化是我国农业的宝贵财富，是中华文化的重要组成部分，不仅不能丢，而且要不断发扬光大。我国有千姿百态的传统村落、博大厚重的民俗文化、源远流长的人文精神，这些都是老祖宗给我们留下的。有的古村落保护不好、过度开发，甚至一把火烧没了。云南的翁丁村老寨，被

称为中国最后一个原始部落，2021年春节期间一场大火，毁于一旦。"干栏式"茅草房、图腾柱、剽牛桩、木鼓房等佤族传统文化印记荡然无存。这些古村落、老寨子都是传承传统文化的重要载体，现在正处于乡村布局快速调整、形态快速演变的重要时期，如果不充分发挥乡村文化传承功能，加大乡土文化保护力度，以后很多东西就只能去博物馆、图书馆寻找了。我们这一代人有责任把这些传统文化保护好、利用好、传承好，为子孙后代留住这些精神财富。

二、国内外发挥乡村多元价值的实践探索

多年来，国内外在发挥乡村多元价值方面做了大量探索，积累了宝贵经验。总结下来，大致可以分为以下五类：

（一）定规划、明思路，发挥蓝图引领作用

科学规划，明确思路，才不至于走弯路。英国作为最早开始推进城市化的国家，一开始并没有充分认识到乡村的价值，而是致力于城市化建设，导致乡村日益凋敝，城乡差距越来越大。20世纪50年代，英国政府开始意识到不能把城市和乡村分离开来搞建设，必须结合起来，因此在推进城市化的过程中，开始针对乡村开展大规模发展规划运动，建设"中心村"，"中心村"的规划和定位就是城市的后花园，目的就是为了缓解城市和乡村之间的矛盾，改善乡村人口不足、基础设施薄弱的问题。英国政府为了能够充分发挥乡村的价值，出台了一整套综合性的规划，促进乡村人口、就业、居住、基础设施和服务设施均向中心村转移，在这样大规模投入下，中心村快速发展起来。由此可见，规划引领的作用不容忽视。这也是为什么我们国家在提出乡村振兴概念不久，首先就出台了国家层面的乡村振兴战略规划，还要求地方在推进乡村振兴时，要坚持规划先行。比如吉林省敦化市大蒲柴河村在明确生态立村的目标后，坚持谋定后动、规划先行，不但委托专业机构撰写规划文稿，而且聘请知名专家担任驻村指导，同时发动村民全程参与，保证了规划内容上接天线，下连地气，确保了建设项目看得懂、用得了。规划是实现高质量发展的前提，是推进高标准建设的基础。只有在明确发展目标的基础上，推进统筹规划，做实布局谋篇，才能牵紧"牛鼻子"，谱写好乡村振兴的精彩篇章。

（二）提规模、创品牌，推进现代农业发展

品牌化、全产业链发展是农业现代化的重要标志，也是农业增值、农民增收的重要支撑。美国借助各类家庭农场、联合企业以及合作社等农业经营主体，长期实行专业化生产和规模化经营，使其成为世界第一大农产品出口国。

日本从19世纪60年代开始探索精耕细作的生产方式，到20世纪50年代中期注重全面机械化和生物技术以及现代化的养殖方法，提高土地单位生产率，再到致力于构建绿色、健康的农业发展体系，走出了一条适合自身的、具有特色的现代农业发展道路。近年来，国内不少地区也进行了现代农业发展之路的探索。如黑龙江省通过家庭农场、专业大户、农民专业合作社、龙头企业的示范带动作用，引导粮农有序开展规模经营；通过创新农业社会化服务，推广"土地托管""代耕代种""联耕联种"等服务模式，解决一家一户小农户经营分散，干不了、干不好的共性问题。四川省崇州市探索出"土地股份合作社＋农业职业经理人＋农业综合服务"三位一体的"农业共营制"，有效破解了农业"谁来经营"、农村"谁来种地"、生产"谁来服务"难题。江西省吉水县作为"井冈山"牌稻米区域公用品牌建设重点县，坚持实施生产托管项目与品牌建设同步推进，以托管提升品牌，以品牌带动托管，打造出具有地方特色的"井冈软粘"和"井冈虾稻"产品品牌，促进了全县稻米产业转型升级。山东省青岛市西海岸宝山镇依托得天独厚的自然资源禀赋，大力发展蓝莓产业，实现了"宝山蓝莓"的品牌化、标准化、产业化发展。2020年，全镇种植蓝莓2万亩*，从业人员超过1万人，蓝莓及相关产业产值达5亿元。

（三）修容貌、美生态，积蓄环境资源优势

良好的生态环境与景观是乡村发展的亮丽底色。比如日本就高度重视乡村的生态价值，认为农业特别是水稻生产对于防治洪水、净化空气和水源、保护和改善环境具有重要价值，在WTO农业贸易谈判中专门提出必须充分考虑并有效解决因农业多功能性而产生的非贸易问题。英国政府高度重视乡村生态价值，在中心村建设中通过一系列措施来保护乡村环境，其中最具特色的就是"政府对农民保护环境性经营给予补贴"，也就是说，农民经营自己的土地，如果使用了很好的环境保护措施，不仅可以获得田地的丰收，还会受到政府的嘉奖，这种做法极大地调动了农民保护环境的积极性和自觉性，让他们主动地参与到保护乡村环境的过程中来，既给农民带来了财富，又保证了乡村环境的可持续发展。我国浙江省安吉县的余村在"两山"理论的指引下，大念"山水经"，关停矿山、关闭工厂、修复环境，发展乡村旅游。如今的余村，青山环绕、漫山翠竹、小溪潺潺、鸟语花香，已成为国家4A级景区，280户农户镶嵌在4.86平方公里的青山绿水间，1 050名村民劳作在景区里，生活在图画中，如世外乐园。福建省将乐的常口村，20年里坚持抓生态保护修复，发展特色生态经济，依靠青山绿水这一"无价之宝"，开展林业碳汇交易，目前已

---

* 亩为非法定计量单位，1亩＝1/15公顷。

开发碳汇量118万吨，预计可实现交易额约2 400万元。种种实践证明，生态优势就是发展优势，乡村生态环境好了，土地上就会长出"金元宝"，生态环境就会变成摇钱树，乡村就可以变成聚宝盆。因此，必须守住生态保护红线，推动乡村自然资本加快增值，让良好生态成为乡村振兴的支撑力量。

（四）建机制、激活力，构建融合发展体系

创新体制机制是活力之源。加拿大在推进"农村协作伙伴计划"过程中，通过构建"三大机制"，不断提高工作效率。一是"农村对话"机制。定期举行全国农村会议、农村青年对话、在线讨论、民意调查等不同形式的活动，吸引农村居民，特别是偏远北部地区的居民与跨部门农村工作小组官员进行"开放式对话交流"，参与讨论农村发展面临的形势、机遇和挑战，确定需要政府优先解决的问题。二是"农村透镜"机制。明确政府部门做决策前需充分思考的十大问题，要求站在农村居民的立场上，对照联邦政府确定的促进农村发展的重点领域，考虑该决策可能产生的影响，增强各级政府、各部门官员"心有农村""主动为农村服务"的意识。三是评估与调整机制。定期、不定期组织专家调研农村社会经济发展形势，及时提出可行性应对措施，并对协作发展计划的实施情况进行评估和调整。我国四川省成都市扎实推进农村改革，为三产融合、城乡融合提供体制机制保障。一是以农村产权制度改革为核心，通过土地、房产发证确权，创新耕地保护机制和创建农村产权交易所等方式还权赋能，推进农村土地、房屋等资产化；二是利用土地的级差收益开展城乡建设用地增减挂钩试点，进行土地整治，推动土地向规模经营集中，统筹解决发展资金短缺的问题。

（五）重人文、提素养，筑牢乡村发展软实力

乡村既有广袤的土地，又有浓厚的文化，不仅是生产农产品的地方，而且是居民生活娱乐休闲的场所。现在的英国乡村有随处可见的幽雅风光，有属于自己的文化特色，这跟注重保护乡村特色文化和环境有很大的关系。其中，不仅有英国政府行为，还有民间组织行为以及英国大众对自己国家的乡村文化自发的关心和保护，这些正是目前我国所缺失的。韩国在"新村运动"过程中，自始至终都强调"勤勉、自助、合作"的精神，重视农村精神文明建设，利用村民会馆经常进行演讲和文艺演出，提高农民的伦理道德水平。韩国还重视培养乡村学生的精神风貌，乡村学校每年都会向学生宣传"忠、孝、仁、义"的思想。习近平总书记指出，体现一个国家综合实力最核心、最高层的，还是文化软实力。乡村振兴既要塑形，更要铸魂，文化就是乡村振兴之魂。近年来，浙江省加强传统文化与现代文明的融合创新，以农村文化礼堂为载体，丰富农民的文化娱乐生活，凝聚村民的集体归属感，唤醒沉潜于乡野民间的文化自觉意识，激发蕴藏在百姓心中的创造热情。山东省淄博市淄川区坚持乡村振兴思想先行，成立新时代文明传习与乡村振兴研究院，建设新时代文明传习中心，编制新时代文明传习手册，聘请乡村文明研究专家，通过六传、六有、六进（传思想、传道德、传政策、传法律、传科技、传文化，有课堂、有阵地、有队伍、有计划、有制度、有成效，进村居、进企业、进机关、进校园、进家庭、进网络），不断丰富农民脑袋，让农民精神有盼头，生活有奔头。云南省大理州南涧县营盘村将重阳节设置为敬老节，通过组织敬老活动传扬孝道文化，弘扬心存孝念的传统美德。

三、挖掘乡村多元价值需要注意的几个问题

立足新发展阶段、贯彻新发展理念、构建新发展格局，更需要紧扣"保供固安全、振兴畅循环"的要求，大力开发农业食品保障、生态涵养、休闲体验、文化传承等多种功能，充分挖掘乡村生产、生态、生活和文化等多元价值，为全面推进乡村振兴、加快农业农村现代化提供有力支撑。在挖掘乡村多元价值过程中，需要注意以下几个问题：

（一）不能以城市观念指导乡村改造

现在，有的地方在乡村建设实践中是以城市发展理念来改造乡村，导致一些村落"形虽在，神已散"，还有一些村落"神散，形也散"，原有的生活、生态、文化价值没有完全体现出来，有些地方甚至把乡村规划建设得"城不像城，村不像村"。因此，挖掘乡村多元价值，推进乡村建设行动，绝不能照搬照抄城市建设那一套，而是要坚持从国情农情出发，从自然禀赋、历史文化传统、制度体制出发，注意保留乡土味道，体现乡情美景，保存乡村风貌，要让乡村与现代生活融为一体。

（二）不能过度强调乡村生产价值忽视生态价值

我们的祖先在长期农业生产实践中认识到，人和自然不是对抗关系，而是和谐共生关系，并由此孕育了"天人合一"的思想，讲求天、地、人的和谐共生，坚持种养循环的生产方式。然而，为了吃饭，需要大面积种粮；为了发展经济，需要消耗大量的自然资源。还有一些乡村不顾资源环境的承载能力，竭泽而渔，进行粗暴的掠夺式开发，由此带来了森林资源减少、水土流失、土壤沙漠化、草原退化、生物多样性减少等生态环境问题。归根到底就是由于对乡村生态价值重视不足，人与自然和谐相处的理念有所淡化，迫切需要通过发掘

乡村生态价值，找回乡村绿色底色，厚植乡村生态基因。

（三）不能过分商业开发传统村落

村落是乡村文化传承的重要载体，我们传统的思想观念、道德准则、行为规范、技术经验乃至民风民俗皆根植于这些村落，许多农业文化遗产依托这些村落留存下来。然而，现在不少地方为了追求经济发展，对传统村落过度开发，同质规划，导致"千村一面"的现象。同时，村庄的管理没有跟上，村民乱修、乱盖等行为使村落的景观价值也被破坏。一些村落为开发旅游资源，还存在挂红灯笼、编民间故事等雷同行为。这些问题的出现就是因为对乡村的多元价值尤其是生活价值认识不够，迫切需要大力挖掘乡村田园生活价值，捍卫乡土记忆，为乡村振兴提供强大的信心和动力。

（四）不能丢掉优秀的传统文化

中国农民拥有低调内敛、勤俭节约、邻里互助、孝老爱亲等优良传统。但是，在农村实行家庭联产承包责任制以后，农民集体意识减弱，"事不关己、高高挂起"的心态普遍存在；一些地方不良风气盛行，优秀道德规范、公序良俗失效；不孝敬父母、不管子女、不守婚则、不睦邻里等现象屡见不鲜；村民讲排场、比阔气等不良风气有所抬头，比如红白喜事大操大办，甚至出现了天价彩礼让人"娶不起"的现象；丧葬殡礼繁多，大做繁琐法事、大修豪华坟墓，甚至到了让人"死不起"的地步。除红白喜事外，孩子满月、迁新房、买新车、祝寿、生日、升学、升职等宴请项目越来越多，人情债变成了让人"还不起"的沉重包袱。这些都使村民在利益的驱使下变得越来越浮躁，迫切需要通过挖掘乡村文化价值，正本清源，扶正祛邪，把散落的勤俭持家、孝老爱亲等传统道德精华拾起来，让全社会摆脱沉重的人情负担，真正激起广大农民参与乡村振兴的活力，把精力和能力用在乡村振兴的具体实践中去。

农业农村部农村经济研究中心主任　金文成

前 言 FOREWORD

2017 年召开的党的十九大首次提出"乡村振兴战略",给农业农村的发展指明了方向。2018 年 3 月,习近平总书记在参加十三届全国人大一次会议山东代表团审议时提出了乡村产业、人才、文化、生态和组织"五大振兴",为实施乡村振兴战略提供了方法和路径,其中,产业兴旺是重点,人才振兴是基石,文化振兴是精神动力,生态宜居是关键,组织振兴是保障。只要"五个振兴"全面发展,乡村必将走向全面振兴。

本书取名为《乡村文化振兴的路径探索》,就是因为文化振兴是乡村振兴的灵魂,必须找到文化振兴的抓手,要让文化振兴落到实处,让基层干部群众可抓可学,而不是泛泛而谈目的和意义。全书主体内容分为 12 章,其中第一章到第三章,从理论上对乡村文化振兴进行现实解释。第四章到第十章,分析文化振兴在山东、浙江等地的实践,以及农耕文化、淡水渔文化、重要农业文化遗产、传统村落等的保护和传承路径。第十一章,强调要凝聚起全面推进乡村振兴的精神力量。第十二章,从研究的视角提出乡风文明指标体系建设的具体内容。

本书研究团队初步打开了乡村文化问题研究的大门,希望能为高校和科研院所从事乡村文化研究的学者和推进文化振兴具体工作的基层领导干部提供参考。在研究过程中,我们参考了大量前人的研究成果,其中有一些在参考文献中已经列明,还有一些没有列明,一并向前人表达谢意。如果有疏漏之处,请专家学者包涵并及时指出。

目 录 CONTENTS

第一章
乡村文化振兴的现实解释

一、乡村文化振兴的重大意义

文化是相对于政治、经济而言的精神活动及其产品，既体现在个体的精神和修养上，又体现在全社会的精神风貌上。乡村文化振兴是提升乡村振兴的成色和质量的重要抓手，意义重大。

（一）文化振兴是乡村振兴的灵魂

文化是一个国家、一个民族的精神和灵魂。没有高度的文化自信，没有文化的繁荣兴盛，就没有中华民族的伟大复兴。一个人如果没有文化，就会缺少精神追求，显得空虚。这样的认识对乡村同样适用，没有文化的乡村，也是空虚的。没有文化振兴作支撑的乡村，是难以实现可持续发展的。乡村振兴不振兴，不能简单看外形漂亮不漂亮，乡村文化里饱含传统价值观、天人合一的思想，寄托着对故土念念不忘的乡愁，是乡村的"精神""神韵"，是维系中华文明生生不息的精神纽带。实现乡村振兴，不仅需要产业振兴来实现物质产品的丰富，而且需要精神上的充实，需要用文化来铸魂，只有结合神韵看外形，才能实现真正意义上的农业农村高质量发展。只有乡村文化振兴了，才能实现文化自信，才能留住乡村的魂。只有抓住文化振兴这个魂，让产业和经济发展塑形的同时，铸魂并进，才能凝聚向上向善的力量，进而实现乡村振兴的战略目标。

（二）文化振兴决定乡村振兴的走向

乡村振兴不光是过上好日子、住上好房子，还包括乡村文化的振兴。文化兴则国运兴，乡村文化振兴就是把物质层面的东西通过文化展现出来，把繁荣的正能量发挥到极致，从而引导乡村振兴的走向。只有在继承和发扬中国传统文化基础上的创造性转化，才有可能实现真正意义上的乡村振兴。文化作为陶冶和塑造"人"的重要因素，必须始终贯穿于乡村振兴始末，只有文化振兴了，产业振兴、人才振兴、生态振兴、组织振兴才会有精神依托，才能为乡村振兴提供源源不断的能量源泉，才能保证在乡村繁荣兴旺中不失掉本色。近些年，在不少农村地区，出现了"文化沙漠"现象。一些农村地区，虽然有农村产业的发展，但是中青年群众农闲季节打纸牌、搓麻将、喝酒，老年人则是赴神堂等地开展封建迷信活动，各种赌博形式在农村常有出现，农家书屋经常"铁将军"把门，远程教育设施形同摆设等等。久而久之，部分乡村就会凋敝。正如法国学者孟德拉斯（1991）所说"导致退化和沦落的原因并非像通常假定的那样是由于经济上的剥削，而是被牺牲者文化环境的解体"。因此，文化振兴要用科学的理论教育农民、武装农民，给农民"充电"，提振农民精气神，让广大农民在口袋"富"起来的同时，脑袋"富"起来，思想"富"起来。

（三）文化振兴是接续优秀文脉的重要途径

中华民族积累了很多优秀的文化遗产，农耕文化、红色文化、孝德文化等积淀着中华民族最深沉的精神追求，代表着中华民族独特的精神标识，这些文化中蕴含的社会思想、人文精神、治理之道、生态理念、哲学思维等都是中华传统文化的精华所在，是中华民族一脉相承的精神追求、精神特质、精神脉络，是根植中国特色社会主义思想的沃土，是当代中国发展的突出优势。但是，由于各种各样的原因，有些优秀的文脉被斩断了，还有一些广大人民群众立足各地丰富资源创造出来的体现地域特点、具有丰富价值的文化资源也缺乏应有的挖掘和保护。只有通过文化振兴，才能传承文化基因，接续这些优秀的文脉。在推进文化振兴过程中，一定要梳理和萃取中华文化中的"天时""地利""人和"等思想精华，作出通俗易懂的当代表达，赋予新的时代内涵，使之与中国特色社会主义思想相适应，推进非物质文化遗产、传统村落、乡村公共文化服务和乡村文明建设等全方位的建设，建构更高品位特征、具有生动气息的新乡村，把各项文化活动逐渐融入人们的生活，根植于人民心中，在全社会形成参与、守护、传播和弘扬优秀传统文化的良好氛围，焕发乡风文明新气象。

二、乡村文化振兴的内涵

乡村文化振兴就是要避免只追求单一的经济发展，而是要促进经济与社会文化发展的良性互动，实现乡村的全面振兴。推动乡村文化振兴就是要以社会主义核心价值观为引领，加强乡村思想道德建设和公共文化建设，深入挖掘优秀传统农耕文化蕴含的思想观念、人文精神、道德规范，培育挖掘乡土文化人才，弘扬主旋律和社会正气，培育文明乡风、良好家风、淳朴民风，改善农民精神风貌，提高乡村社会文明程度，焕发乡村文明新气象。2018 年国家出台了《乡村振兴战略规划 2018—2022 年》，其中第七篇提出了繁荣发展乡村文化的具体项目和重大工程。综合来看，文化振兴的内涵包括以下几方面。

（一）找回人与自然和谐发展的理念

农民在长期农业生产中形成了适应生产、生活需要的国家制度、礼俗制度、文化教育等的农耕文化。作为世界上存在最为广泛的文化集成，农耕文化是华夏文化的源泉，是中华优秀传统文化的璀璨之星。中华农耕文化强调的是人与自然和谐统一，强调万物和谐是自然界各物种和睦共存的最美结构、最佳形式，也是持续发展的标志。人类从最初对自然的敬畏，到抗争，再到利用掠夺破坏，虽然满足了现实的利益，却造成了生态失衡、环境污染、资源枯竭等，甚至遭到毁灭性的灾难。归根到底就是在人与自然相处的理念上出现了问题，人与自然的关系必须坚持绿色发展理念，文化振兴就是要摒弃忽视自然的"人类中心主义"的发展观，顺应天时、地利、人和的要求，找回人与自然和谐发展的理念，尊重自然、融入自然、取法自然、顺应自然。树立顺应自然、遵循自然规律、人与自然和谐相处的理念，让每一个人都真正认识到，不能过分地向自然索取，而应油然而生地追求人与自然的和谐共赢和绿色发展，建立环境友好型、资源节约型的社会。

（二）弘扬勤俭节约等优良的作风

"历览前贤国与家，成由勤俭败由奢"。在中华五千年的文明史上，先辈们在艰苦的自然条件和严酷的社会环境中培育了吃苦耐劳、勤俭持家、艰苦奋斗的优良作风，在物质生活上强调知足常乐，在精神生活上强调淡泊明志。农民晴耕雨读，合理安排生产和学习，既体现了悠然自得的田园、读书生活，又体现了自力更生、不屈不挠等优良的作风。但是，在中央三令五申下，一些农村地区仍然出现了"天价彩礼""超乎常理的人情消费"等现象，个别地方甚至愈演愈烈，既影响了正常的农业生产性投资，又大大加重了广大干部群众的经济负担，更为重要的是，扭曲了正常的人际关系，影响了民风和社会风气。还有一些贫困地区农民脱贫的内生动力不足，仍然存在"等靠要"的思想，影响了脱贫攻坚的工作效果。如果不狠刹这股歪风，不消除不良思想的影响，前进的动力就会受阻，全面建成小康社会的成果难以巩固。文化振兴强调勤俭节约等优良作风，并不是说要让广大农民群众再去过清苦的生活，也不是要否定合理的物质消费，而是要反对以各种婚丧喜庆名义大摆宴席、相互攀比、铺张浪费和搞封建迷信等不良风气；弘扬中华民族艰苦奋斗的作风，让广大农民明白"幸福是奋斗出来的"，做到不等不靠，自觉投入到乡村振兴的实践中去，努力实现自己的价值。

（三）宣扬诚信友善等传统的美德

传统美德是民族文化的结晶，有着丰富的民族精神和思想内容。中华民族拥有忠、孝、礼、义、廉、耻等优秀的传统美德，影响了一代又一代中华儿女，同时也在中华民族的历史长河中得以延续。诚信友善等美德一旦发生断裂就会影响正常的乡村社会生活和经济建设秩序。近年来，农村出现了思想和道德滑坡：有的人游手好闲，好吃懒做；有的人不尊老爱幼，不赡养老人；有的人道德败坏，危害社会等。文化振兴就是要提倡和发扬优秀传统文化中的道德观念和责任意识，大力宣传先进典型，彰显道德模范的示范带动作用，并一代一代地传承下去，如费孝通先生提出的"各美其美，美人之美，美美与共，世界大同"。因此，可以诚信建设为重点，营造崇德向善的氛围，加强社会公德、职业道德、家庭美德、个人品德教育，形成修身律己、崇德向善、礼让宽容的道德风尚，最大程度地降低社会治理成本，这也是"富强、民主、文明、和谐、自由、平等、公正、法治、爱国、敬业、诚信、友善"的社会主义核心价值观的应有之义。同时，将家族等传统社会组织的积极作用与现代治理方式相结合，提倡村民互助和自治，为健全自治、法治、德治相结合的乡村治理体系作出贡献。

（四）创新传承农耕文化的方式

乡村是中国传统文化发源地，中华文明是由成熟的农业文明、乡村文明发展而来的，反映了中华民族的生存智慧。农耕文化是农业文明、乡村文明的表现形式，是中华民族的宝贵财富，是中华文化的重要组成部分。农耕文化有其自身发展特点和逻辑，很难从属于城市文化。而城镇化的快速推进使得农耕文化越来越缺乏传承的载体，迫切需要创新其传承方式，使其在与现代文明的融合中重焕新生。那些具有鲜明地域和民族特征的农业文化遗产、传统村落、文化习俗、非物质文化遗产等，都是民族文化的宝库和活化石，也是传承农耕文化的载体。可以针对城镇化不断发展的现实，有针对性地设计乡村的印记实体或网络平台，寄托人们的乡愁；可以根据农业多功能性的特点，整合各地农业生产、农村生态、农民生活、乡村文化等多种资源，将农业与自然、二三产业有机融合，活态传承农耕文化；可以通过对乡土文明在地化文化历史积淀的挖掘传承，与在地化生产生活生态的发展实践实现再融合再创造，促进中国传统乡村农耕文化的再生与创造性转化；还可以将传统农耕文化与现代工业文明有机结合，在传承地方文化产业特色基础上，探索把乡村价值传输到城市的途径，实现乡村和城市的良性互动，促进城乡融合发展。

Chapter **第二章**
乡村文化振兴研究综述

文化是推动国民经济快速发展的精神动力，也是促进社会和谐稳定的强心剂。继 2001 年文化产业被纳入《国民经济和社会发展"十五"计划纲要》之后，中央多次出台了支持社会文化发展的文件。2005 年 12 月，中共中央国务院印发《关于深化文化体制改革的若干意见》（中发〔2005〕14 号），对深化文化体制改革、加快文化事业和文化产业发展、推动社会主义先进文化建设提出了具体意见。2007 年 9 月，胡锦涛总书记主持召开中央政治局会议，专门研究公共文化服务体系建设工作。2011 年 10 月，党的十七届六中全会做出了《关于深化文化体制改革 推动社会主义文化大发展大繁荣若干重大问题的决定》，文化改革与文化发展问题由此正式被列入国家战略层级。在中央精神指导下，各地文化建设如火如荼。然而我国文化建设普遍存在"重城市""轻农村"的现象，即使是在推进社会主义新农村建设中，各地在大力发展农业生产和改变农村风貌的同时，也对农村文化建设重视不够。贫瘠的文化不会孕育出高速增长的经济，没有文化的现代化，就不可能实现真正意义上的现代化。实现文化大发展、大繁荣的重点和难点都在农村。在全面推进乡村振兴战略的背景下，推进农村文化建设，提高农村公共文化服务体系覆盖面，促进乡村文化振兴已经成为亟待解决的问题。2018 年中央 1 号文件第五部分专门强调要繁荣兴盛农村文化，焕发乡风文明新气象。2019—2021 年的中央 1 号文件分别就加强农村精神文明建设、改善乡村公共文化服务等作出了重要部署。

乡村文化振兴涉及思想道德建设、传统文化传承、公共文化服务等多个方面。近年来，学术界对我国乡村文化振兴问题开展了一些研究，既有实证研究解释农村文化的存在机理，也有规范研究提出农村文化振兴的发展路径等，可谓仁者见仁，智者见者。本章重点梳理了新世纪以来农村文化振兴相关问题的主要研究进展，分析了相关研究的局限性，进而提出了今后农村文化振兴的几个研究方向。

一、农村社会文化问题研究进展

农村文化内涵丰富，学术界对农村文化内涵的界定尚不统一，有的学者从狭义上理解，认为农村文化是以村镇为依托，以所在地域的地理环境、民族分布、经济贸易和社会条件而形成的各具特色的文化模式。有的学者从广义上界定，农村文化是适合于农民生产生活方式，能够为农村提供秩序规范，体现终极关怀的一整套娱乐方式、道德规范，是一种既包含价值观、文化认知等内在文化元素，又包含交往和生产、生活方式等外在文化元素的乡村文化形态。还有的学者从综合视角来理解农村文化，认为它包含物质、组织、精神等多层次的内容，是农村文化设施、农村文化组织、农村文化人才、农村文化体制以及农村文化活动等方面的集合。笔者认为，农村文化的广义含义比较符合实际。我国是一个农村人口占多数的农业大国，农民是乡村振兴的主体，农民文化素质的高低对全面实现现代化至关重要。乡村文化振兴有利于中华优秀传统文化的弘扬与传承，有利于先进科学技术与文化在农村的传播与交流，有利于满足广大农民群众多层次、多方面的精神文化需求，是促进农村经济发展和社会进步、全面实现现代化目标的有效手段。

（一）乡村文化的保护与传承迫在眉睫

我国是农业大国，拥有悠久的农耕文化，不同地区间自然与人文环境造就了种类繁多、各具特色的农村文化。农村传统文化存在于民间，包括物质文化、社会文化、精神文化和口头语言等各种社会习惯、风土人情等。然而，农村经济发展与农村特色文化保护之间的矛盾日渐突出，农村文化的保护与传承问题变得日益复杂，农村文化保护与传承工作正面临着来自社会认知、现代文化和现代生活方式以及知识产权保护等方面的挑战。单靠某个村庄或社会组织之力无法发挥持久的作用，应以促进农村文化遗产科学保护和合理利用为目标，逐步建立多层次、全方位的农村传统文化保护与传承体系，大力弘扬农村优秀文化传统、发展农村特色文化，通过实施农村文化遗产的整体保护、动态保护和原真保护等策略，保障农村经济、社会、文化等各项事业的协调发展。历史文化保护的载体是历史文化村庄，必须加大对村落建筑的修缮和保护力度。

（二）农村公共文化服务体系要以政府为主导

农村公共文化服务体系作为现代公共文化服务体系的重要组成部分，是保障农民基本文化权益、满足农民基本文化需求的重要依托。农村公共文化服务体系由供给体系、保障体系、考评体系等多方面构成，具有公共性、基本性、文化性、便利性、均等性和多样性的特点。农村公共文化服务提供的是公共文化产品或服务，属于公共物品的范畴，具有非竞争性和非排他性特征，无法通过市场手段实现资源的有效配置，故而需要政府主导，政府也就成为农村公共文化服务体系建设的核心。现有的农村公共文化服务体系难以完全满足农民群众日益增长且差异化的需求，而社会力量具有多元化结构、多方位视角、多领域触角等优势，能有效弥补政府功能的不足和市场功能的失灵。因此，考虑到文化服务持续性的要求，在保证公益性的前提下，以政府为主导，鼓励和吸引社会力量参与，促进市场资源配置，是弥补公共财政不足、完善农村公共文化服务体系的有效选择。从制度经济学视角看，政府在农村公共文化服务体系建设中，既是制度体系的供给者，也是农村公共文化产品的供给者，但二者有先后之分，就政府职能而言，政府首先应该是制度体系的供给者。因此，政府要强化制度体系建设，在完善正式制度供给的同时，紧密结合源于农民自身的非正式制度，建设起真正属于农民的先进文化。

（三）农村文化市场的管理还要加强

农村文化市场包括该地区的图书和音像市场以及包括网吧、游戏厅在内的文化休闲场所，广泛的文化市场管理工作还涵盖对村民常规的宣传、动员活动等。我国农村文化市场具有分散性、季节性和复杂性的特点。在农村文化市场管理工作中，基层党委、政府重视不够，管理部门多且权力分散，乡镇文化站监管缺位，管理力度亟待加强。要管好农村文化市场，应明确部门职责，实现多层合作，建立多层次、全方位的文化市场协管体系，强化乡镇责任，充分发挥文化站作用，创新要求高、巡查严的文化市场监管机制，构筑横向到边、纵向到底的文化市场执法网络。

（四）农村文化建设的潜力和空间巨大

我国农村文化建设已经取得了巨大成就，财政对于农村文化建设的经费投入力度持续加大，农村文化建设专项资金管理日益规范，广播电视"村村通"工程、农村电影放映工程、乡镇综合文化站建设、文化信息资源共享工程和农村书屋工程等五项重点工程的实施，有效丰富了农民生产之余的精神生活。农村的文化生活更加活跃、文化阵地形式更加多样，村级自办文化生活也在逐渐兴起。然而，我国农村文化事业发展相对滞后的局面没有根本改观。当前农村文化建设亟待完善，还有很大的发展潜力和进步空间。因此，应从转变观念、增加财政支出、鼓励社会力量参与、完善文化设施、强化文化人员队伍、发展特色文化、建立农村文化建设绩效考核评价机制等方面来解决。有了农村文化基础设施，还得有农村文化娱乐活动，要通过调动农民的参与热情来提高农村文化基础设施的利用效率，使农村文化基础设施和当地农民在彼此磨合与适应中相得益彰，实现良性循环，继而助推农村文化建设不断求得新突破。此外，还应做好文化服务资源整合和集成工作，对农村基层文化建设的有效载体进行统一规划和科学设计，逐步建立统一的文化共建共享平台。

二、农村文化产业问题研究进展

我国对文化产业的研究起步于改革开放初期，20世纪90年代以来关于文化产业的研究逐渐增多。然而，国内多数学者将研究重点放在城市文化产业上，农村文化产业方面的研究相对较弱，研究成果也十分有限。

（一）农村文化产业十分重要

农村文化产业，是指在农村发展的文化产业，其主要经营范围有图书报刊业、媒体信息业、影视音像业、演艺娱乐业、工艺品业、文化旅游业、群众文化等多种文化产业。由此看来，只要是在农村发展的文化产业，就可以称之为农村文化产业。发展农村文化产业，不仅能够在农村传播先进文化、提升乡村文化软实力，而且对于提高非农产业在农村经济中的比重、促进农村产业转型、增加农民收入、缩小城乡差距也具有积极意义，同时还能够更好地保护农村文化生态、促进农村文化交流。

（二）农村文化产业发展落后

近年来，我国农村文化产业已经形成了"民间自发型"和"政府推动型"两种发展模式，与城市相比，在发展规模、产业层次、从业人数、经营状况等方面均存在较大差距。此外，还存在重视程度不足、缺乏整体规划、投资效益较低、优秀民族民间文化艺术发掘保护力度不够、文化生活内容和形式落后、封建迷信盛行、科学精神欠缺、农民本身缺乏参加文化生活积极性等突出问题。除此之外，我国农村文化建设中还存在重视程度不够、经费投入仍显不足、文化产品供求结构矛盾、文化资源匮乏、文化人员队伍薄弱、管理体制不健全、文化建设缺少绩效评价机制等诸多问题。应厘清问题背后的原因，通过制定出完善农村公共文化产品的财政转移支付机制、创造良好的公共文化产品生存环境、发挥农村的主体作用、建立农民能共同参与的公共文化服务生产与供给体系、强化监督机制、健全评估考核机制等对策措施，真正促进农村公共文化服务体系建设。

（三）农村文化产业区域差异明显

不同地区农村在社会、经济发展等方面存在较大的差距，因此，农村文化产业的发展要考虑农村文化的地域性、民族性差异。部分学者认为，西部地区发展农村文化产业应立足于丰富多样的文化资源，树立与市场经济相适应的大文化理念，促进文化资源优势向经济优势和产业优势的转化。东部地区农村文化产业应立足现有农村文化资源，大力开发民俗文化产业。

（四）农村文化产业存在投融资困境

要打破农村文化产业发展的资金支持困境，应从化解农村文化产业内生性风险、改革农村金融体制、构建农村金融支持体系等方面发力，为农村文化产业发展创造良好的融资环境，采取行政与市场双管齐下的投融资方式，鼓励以政府为核心的多方主体参与，即以财政投入为主导，文化传播公司、经纪机构等中介组织为桥梁，保险机构为保障，农村集体自筹和金融机构借贷为主，民间资本、企业投资和外资投入等形式为重要补充。从公益性文化事业角度探讨农村文化事业发展中的筹资问题，应建立起主体多元化、方式多样化、机制市场化的筹资模式。

（五）农村文化产业前景广阔

文化产业在农村具有广阔的发展空间和市场前景。关于加快发展农村文化产业的路径与对策，学者们也提出了相关建议。在提高认识方面，强调树立文化产业意识，要把农村文化产业作为重要的经济增长点，制定农村文化产业发展规划；在农村文化产业的政策扶持方面，将有限的资金重点投入到发展农村文化基础设施建设上，着力改变目前农村文化活动场所不足的状况，为农民文化活动提供平台；在文化资源挖掘方面，强调充分利用农村蕴藏的丰富历史文化资源，走市场化道路，大力发展经营性农村文化产业；在科技与文化融合方面，强调提高农村文化产品的科技含量，为农村文化产业注入科技动力。

三、农村文化消费问题研究进展

（一）我国农村文化消费十分落后

农村居民文化消费可以界定为广大农村居民对精神文化类产品及劳务的占有、欣赏、享受和使用等。农村居民文化消费水平的快速提高和消费结构的不断优化不仅是拉动经济增长的重要途径，而且是构建社会主义和谐社会、践行社会科学发展观的重要要求。虽然我国农村经济取得巨大成就，农民生活水平明显提高，但农村文化消费还较为落后，存在消费基数低、消费结构和消费模式较为单一、消费需求层次偏低、消费心理稳定性较差等问题。多数农民认为当地文化设施不能满足他们的需要，多数农民平均每年只看1～2次戏、电影或文艺演出，有的甚至从来没有看过，这反映出农民文化产品消费现状。

（二）农村文化消费影响因素多且复杂

全国农村固定观察点办公室利用全国2万个固定观察点农户的资料研究了

我国农村文化消费的影响因素，结果表明，农民家庭的人口结构、收入、主要劳动力年龄和受教育程度均是影响文化消费支出的因素。有学者专门针对某一地域的农村文化消费影响因素进行实证研究发现，影响山东省农村文化消费状况的主要因素包括消费观念、文化程度、年龄以及可选择的农村文化产品等方面。

（三）扩大农村文化消费的途径

国内学者认为扩大农村文化消费是一个系统工程，政府扶持、社会力量参与以及农民响应缺一不可。只有这样，农村文化消费才能得到持续开发与发展。应通过提高农民整体收入水平、革新农民文化消费观念、优化农村经济结构和教育结构、挖掘农民文化消费潜力、加大农村文化建设投入力度、增强农村文化市场监管手段来推进农村文化消费。

四、乡风文明问题研究进展

（一）加强乡风文明建设十分必要

乡村历来被认为是人们在现代洪流中可退守的精神故园和长养农耕文化的沃土，乡情和乡愁给人提供源源不断的现世温情。乡风文明是乡村振兴战略的重要组成部分，也是乡村振兴的重要保障。只有乡风文明了，广大农民的生活才能更加和谐、稳定、温馨、幸福。然而，目前一些乡村基层带头人对乡风文明建设积极性不高；传统民俗文化的保护和传承缺乏长效激励机制；婚丧寿庆活动盲目攀比，随礼名目繁多，人情消费持续攀升；农村文化娱乐设施匮乏，方式单一，精神文化生活贫乏；农民道德水准滑坡，村民集体意识弱化；封建迷信现象、宗族宗派势力有所抬头，邪教和非法传教活动值得关注等。目前，从部分基层组织涣散，到村民人生礼仪事项上的大操大办等现象，都不同程度反映了加强乡风文明建设的必要性和紧迫性。

（二）乡风文明建设需多方面发力

一是家规家训的普及。家规家训是我国传统文化的重要组成部分，在历史上起到了提升个人修养、规范家庭伦理、稳定社会秩序的作用，在乡风文明建设中，可以利用家规家训的功能，增强农民的认同感和责任心，从而减少建设的社会成本。二是孝文化的教育。孝文化是乡风文明的根，可以通过孝文化建设好家风，进而和谐邻里，形成淳朴乡风。三是乡土文化的熏陶。乡土文化教育是乡风文明的发展根基，应建立健全乡土文化教育体系，培养乡土文化人才，促进青少年对乡土文化的认知，激发乡土文化认同和热爱家乡的情感，从而提升乡村文明程度。四是村规民约的制订。村规民约在移风易俗中能起到重要作用，要鼓励乡村精英在推进村规民约的落实中发挥作用。五是党建的加强。乡风文明建设需要通过党建来培育良好政治文化，通过党建夯实领导基础、凝聚合力、筑实保障，党建应当成为建设乡风文明的龙头。

五、乡村文化传承问题研究进展

（一）乡村传统文化的传承与保护利用迫在眉睫

中华民族积累了很多优秀的乡村文化和农耕文明，其蕴含的社会思想、人文精神、治理之道、生态理念、哲学思维等是中华传统文化的精华所在。但是，随着工业化、城市化和全球化的不断冲击，现代农业技术的大规模推广，乡村传统文化传承和保护面临着威胁，有些优秀的文脉被斩断了，有些立足各地资源创造出来的体现地域特点、具有丰富价值的文化资源缺乏应有的保护，有些民俗文化发展商业化、同质化趋势日益显著。迫切需要通过文化振兴，传承文化基因、接续优秀文脉。为此，要通过加快挖掘梳理进度、增强保护利用意识、搭建交流平台、拓展传播渠道、发挥基层党组织作用等方式，推动优秀传统文化在乡村的传承发展。

（二）农业文化遗产的挖掘与传承对乡村振兴有积极作用

农业文化遗产是农村与其所处环境长期协同进化和动态适应中所形成的独特的土地利用系统和农业景观，这种系统与景观具有丰富的生物多样性，可以满足当地社会经济与文化发展的需要。农业文化遗产作为祖先留下的宝贵财富，蕴含着丰富的生物、技术、文化"基因"，发掘农业文化遗产价值，不仅可以打造生态宜居的乡村环境，而且能发展休闲旅游、提升农产品附加值，以"产业兴旺"带动"农民富裕"，以传统文化营造文明乡风，从而真正践行和推进乡村振兴战略。当前，农业文化遗产地还面临基础设施薄弱、扶持力度不足、管理和技术人才匮乏、产业发展利益联结机制不健全等诸多问题和困难，应在乡村振兴过程中注意保护利用文化遗产，从加强财政支持力度、推动科学研究和人才培养、完善利益联结机制等方面入手，推动农业文化遗产的活态传承。

（三）红色文化是乡村文化传承中的重要内容

红色文化是广袤乡村立德树人的优秀文化。始于中国共产党的诞生，是中国共产党在马克思主义指引下，领导人民经过新民主主义革命、缔造新中国、社会主义改造、建设和改革的历程，所形成的各类物质、精神成果的总和，具有政治导向、思想教育、历史记载等功能。新时代传承红色文化，既是中国先进文化发展的客观要求，也是渗透社会主义核心价值观的着力点，还是提升文化软实力的重要手段。要从完善实践教育基地体系、发挥政府引领作用、提高学校红色文化教育、合理运用互联网资源、营造良好环境氛围等方面，不断探索红色文化的传承路径，更好地推进红色文化的交流与传播。

六、当前研究的局限性

通过回顾我国乡村文化振兴问题研究进展可以看出，国内学者对乡村文化振兴问题，或者从全国视角、或者从地区视角，从内涵界定到体系建设、从产业发展到文化消费、从乡风文明建设到振兴路径探索等方面的研究较为全面，且许多分析都是建立在实地调查研究的基础上，增加了结论的可信度，为深入研究奠定了基础。

但是，从文献梳理中也可以发现乡村文化振兴问题的研究还存在以下方面的局限性：一是从研究方法看，多采用定性分析方法，缺乏定量的实证分析，基于调研数据和社会经济模型做出的研究结论少。二是从研究内容看，对乡村文化的发展沿革与演变缺乏系统分析，对乡村文化发展的绩效还没有进行评价，对国外乡村文化问题的借鉴对比研究也非常缺乏。三是从研究前瞻性看，没有研究文化对生产力发展的支持作用和生产力对文化发展的促进作用，还没有紧密结合国家全面推动乡村振兴战略、推动农村一二三产业融合发展的背景，也没有对未来乡村文化发展趋势给出必要的预测。四是从研究的交叉融合看，单就乡村文化谈文化发展比较多，缺乏从乡村文化与社会治理和产业发展方面关系开展的研究，对如何用社会主义核心价值观守住农村文化阵地的研究更是少见。

七、乡村文化振兴问题未来研究方向

中国地域辽阔，本身就是一个巨大的文化宝库，乡村文化研究是个大话题，今后一段时期的研究还应该在以下方面深入。

（一）农耕文化研究

中国的文化起源于几千年前的农耕时代，农耕文化是中华文化的根基。研究农耕文化的精华，既是农村文化发展的需要，也是丰富中国特色社会主义文化内涵的客观要求。虽然近年来有关部门对传统农耕文化进行了挖掘和梳理，出版了诸如《土地之魂——中华农业文化揽胜》《农桑之光——中华农业文明拾英》等成果，但远远不够。不同的区域有不同的自然环境条件，不同的民族有不同的农耕文化，关于中国农耕文化的研究还有很大的空间。

（二）乡村文化变迁研究

一个时代有一个时代的主旋律，乡村文化既有其长期积淀下来的精华，也蕴含有新时期的主旋律。农村文化的变迁有其自然规律，如何把握农村文化发展变化的理性规律，需要开展系统的研究。费孝通的《乡土中国》对 20 世纪 40 年代本民族文化的定位、如何处理民族文化和外来文化的关系做出了分析。当前，应该拥有一个更长的历史视角、拥有一个更宽广的全球视野来分析农村文化的变迁，研究各地的村风、乡风，探索乡风文明培育的路径、方式方法，分享培育文明乡风的经验。

（三）乡村文化产业发展效果研究

农村文化产品不仅有政府部门提供的，也有社会组织包括民间组织提供的，农村文化产品的供给与农民的需求有没有很好对接？评估政府用于乡村文化方面投入取得的成效，有没有让农民有满足感？满足到什么程度？需要研究农村文化建设的体制机制问题，研究建立农村文化建设的绩效评估机制，为政府将农村文化建设纳入政绩考核指标体系提供决策参考。还要研究农村文化对农业生产力发展的促进作用。

（四）国外乡村文化发展研究

印度、日本、澳大利亚、德国等国乡村文化有其发展和演变规律，也是值得研究的。用国际视野研究国外乡村文化的变迁历程，分析国外乡村文化发展规律，从中找出中国乡村文化振兴可以借鉴的经验，这也是未来乡村文化振兴研究的重要内容之一。

（五）乡村文化对产业影响研究

在全面实施乡村振兴战略的背景下，如何不让固守传统文化和风俗成为累赘，而让其转化为生产力、产生效益，值得研究。尤其是乡村文化传承与休闲农业和乡村旅游发展如何有机结合，挖掘乡村文化资源，将乡村文化融入休闲农业，探索具有文化内涵的休闲农业发展模式，以文化提升休闲农业的核心竞争力，研究休闲农业发展中的文化传承问题也是未来研究重点之一。

（六）诚信文化对农业发展影响研究

近年来，许多农产品质量安全事件的发生来源于生产者诚信文化的缺失，比如违规使用化肥、农药等投入品或添加剂、生产假冒伪劣农产品等。研究农产品质量安全背景下的诚信文化，分析诚信文化的内涵、特征及其对促进农产品安全供给的作用，并结合典型地区诚信文化建设的实践探索，提出构建诚信文化的基本思路和主要途径，各类农业产业化龙头企业、农民专业合作社等如何倡导诚信文化、带动当地农业的发展，都是未来研究的重要课题。

（七）乡村文化与社会治理研究

千百年来，文化对农村社会治理有着重要的影响。传统的孝道文化、乡贤文化等在维护社会稳定中起着重要的作用。新时期的乡贤包括哪些人群、如何发挥作用、应该建立什么样的乡贤参与社会治理的机制等。孝道文化在新时期如何注入新内涵，宗族文化如何促进农村社会的稳定，农村社会治理的正式制度与非正式制度如何交替运用，农村文化礼堂如何更好地发挥作用，社会主义核心价值观如何在农村得以落实和体现等，都要深入研究。

Chapter 第三章
乡村文化振兴的主要路径

　　2000 多年前，管仲提出"仓廪实而知礼节，衣食足而知荣辱"，强调了物质文明和精神文明要共同推进。当今社会，人民的物质生活水平到达了一定程度，必须强调"礼节""荣辱"，以文化来涵养物质生活。党的十九大提出了乡村振兴战略，提出了乡村振兴"产业兴旺、生态宜居、乡风文明、治理有效、生活富裕"的总要求。习近平总书记指出，乡村要实现产业振兴、生态振兴、文化振兴、人才振兴、组织振兴。由此可见，无论是乡风文明还是文化振兴，都是乡村振兴的应有之义。乡村文化兴则乡村兴，乡村文化强则农民强。没有乡村文化的高度自信，没有乡村文化的繁荣发展，就难以甚或不能实现乡村振兴的宏伟目标。因此，必须选择合适的文化振兴路径。

　　文化振兴是乡村振兴的灵魂，决定了乡村振兴的走向，是接续优秀文脉的重要途径。推动乡村文化振兴就是要以社会主义核心价值观为引领，加强乡村思想道德建设和公共文化建设，深入挖掘优秀传统农耕文化蕴含的思想观念、人文精神、道德规范，培育挖掘乡土文化人才，弘扬主旋律和社会正气，培育文明乡风、良好家风、淳朴民风，改善农民精神风貌，提高乡村社会文明程度，焕发乡村文明新气象。实现文化振兴可以选择的路径有：注入文化元素、推进移风易俗、教化乡村居民、保护村落遗产、开展文明评选、挖掘民间手艺、活跃民俗节日等。

一、注入文化元素

　　中华文化博大精深，无论是诗词歌赋，还是民间谚语等，都体现了丰富的文化内涵，这些来自实践的文化瑰宝，有的已经沉睡了多年甚至被淡忘，有的正在逐步被挖掘并产生了重要的影响。实践证明，有文化滋养的产业有巨大的活力，有文化涵养的产业有更高的品位，有文化支撑的产业能可持续发展。

　　要提高农业的持久竞争力，必须从过去就农业产业发展农业转到注入更多文化元素发展农业。挖掘附着在农产品上的民间故事，拓展和延伸农产品的文化功能，建立体现产地特色的品牌，尤其是要加强产业示范园的建设，集种植、加工、展示于一体，尽可能增加体验和文化传播环节，让来自各地的游客参与其中。在每年农民丰收节活动中注入产业文化元素，让产业发展受到更多的关注。在各地农村因地制宜，拓展文化传播形式，采取诸如文化墙、宣传栏、农村大喇叭、广播车、印发文化手册、张贴海报等农民喜闻乐见的形式开展宣传，通过一些通俗易懂、寓教于乐的原创节目，传播文明新风，倡导移风易俗，营造崇尚真善美的氛围、健康向上的人文环境和安居乐业的生活环境。借助网站、微信、微博等新媒体，制作宣传推广反映农村优秀传统文化、道德模范先进事迹的作品，扩大乡村文化元素的辐射带动作用。在具备条件的村庄建设村史馆或博物馆，收集、保存具有地方特色的文物古迹、宣传体现当地民俗风情和时代精神的先进人物及事迹，增强本地居民的获得感、归属感和认同感，留得住乡愁和记忆。充分利用非物质文化遗产、重要农业遗产中的文化元素，讲好蕴含其中的文化故事，与文化创意产业相融合，整合资源，开发新产品，优化服务。充分利用传统文化符号，发挥群众基础优势，让传统文化切实在群众心中扎根，让群众享受经典文化的乐趣，不断丰富群众的精神文化生活需要。

专栏 3-1　河南新郑：戏曲进乡村　唱出大天地

新郑市隶属于河南省郑州市，豫剧、曲剧是河南两大传统地方特色戏曲，新郑老百姓爱听戏、爱唱戏、爱看戏，政府就送戏、种戏，让戏曲真正"活"在群众中间。依靠深厚的群众基础，以"戏曲进乡村·欢乐进万家"文化惠民工程为抓手，以保障人民群众文化权益为目标，坚持政府主导、社会参与、全民共享，把戏曲进乡村工作纳入公共文化服务体系建设，进一步繁荣戏曲文化，推进文艺在乡、文化兴村。

一是满足群众需要，真正把戏"送下乡"。新郑市通过媒体公示、问卷调查的形式，广泛征求群众意见，根据群众的需求适时调整戏曲进乡村演出剧目，实现由"政府端菜"到"百姓点单"。通过政府购买服务，增加演出场次，将精品好戏送到群众家门口，既有《朝阳沟》《焦裕禄》等优秀现代戏，也有《收姜维》《清风亭》等经典传统戏，让戏迷们过足了瘾，既满足了群众精神文化需求，又传播了社会主义核心价值观，弘扬了中华优秀传统文化。

二是培育带不走的队伍，把戏"种下去"。新郑市积极实施"百千万"文化惠民工程培育戏曲人才，建立健全市级培训乡镇戏曲骨干、戏曲骨干回乡镇培训村级戏曲志愿者、志愿者回村培训身边戏曲爱好者的梯级培训机制。新郑市豫剧团抽出各个行当，到群众身边去，从表演到手眼身法步唱腔等等，进行专业指导，以专业戏曲人才为骨干组成 16 个小分队，一对一分包 16 个乡镇（街道、管委会），与民间戏班和戏迷团队结对子、交朋友，辅导其提高创作水平和表演能力。开设"传艺所"，邀请不同行当的省内戏曲名家，定期为当地和周边乡镇戏曲骨干授课传艺。新郑市中小学校把戏曲艺术纳入教育课程计划，推动戏曲进校园，每两周开设一节戏曲知识课程，让老师成为传播戏曲的使者，让学生学唱、会唱、唱响传统戏曲，在校园埋下戏曲的种子。

三是搭建戏曲大舞台，唱响时代新乡风。举办综艺晚会或戏迷擂台赛，每年演出 50 余场次，数千名文艺爱好者登台献艺，年受益观众 30 余万人次，"百姓大舞台"戏迷擂台赛已经成为新郑群众文化活动的特色品牌，极大地调动了戏迷广泛参与的积极性，推动了戏曲进乡村工作蓬勃开展。打造了戏曲"云平台"，让群众随时随地看戏。新郑市建立了郑韩文旅云，与河南省数字文化平台、郑州文旅云平台共享，整合各类戏曲资源进行数字化处理，从"实体送戏"拓展到"数字送戏"，让群众随时随地可以看到想看的精品剧目。整合戏曲资源，打造戏曲小镇，建立"戏曲合作社"，举办梨园戏曲文化节，多家专业院团、民营剧团轮番登台演出，豫剧名家与戏迷同台演出，让周边群众过足了戏瘾。

自从开展送戏种戏活动后，村民的精神风貌发生了巨大变化，以前村里没人唱戏，鸡毛蒜皮的问题很多，邻里之间不和睦，甚至有的多年不来往，现在到处是一派其乐融融、和谐共处的景象，唱戏的多了，看戏的也多了，喝酒打麻将的少了，惹是生非的人更少了，乡风变文明了，风气也正了，老百姓都是哼着小曲过日子。在传统文化的熏陶下，老百姓的素质在潜移默化中不断提升。戏曲活动不仅满足了老百姓的爱好，丰富了群众的文化生活，还净化了乡风民俗，为乡村振兴注入强劲动力。

数据来源：内部资料

二、推进移风易俗

《史记·乐书》记载："移风易俗，天下皆宁。"说明了移风易俗的重要性。一些互相帮助、孝老爱亲等优秀的农耕文化在传承过程中，出现了变样、走样的情况，出现了盲目攀比，甚至越演越烈，引发天价彩礼"娶不起"、豪华丧葬"死不起"、人情礼金名目繁多"还不起"、孝道式微等不良社会风气。为了有效遏制陈规陋习，树立文明新风，中央农村工作领导小组办公室等 11 个部门联合印发《关于进一步推进移风易俗 建设文明乡风的指导意见》，明确要求要因地制宜推动移风易俗，遏制陈规陋习，培育文明乡风、良好家风、淳朴民风，不断提高乡村社会文明程度。

要大力开展移风易俗行动，倡导各地成立红白喜事会，出台村规民约，健全组织机构，引导村民自我教育、自我管理和自我提高。加强对党员干部的廉洁自律教育和监督，坚决遏制红白喜事大操大办、奢侈浪费、盲目攀比之风，号召广大党员、各级人大代表、政协委员、村（组）干部、村民代表支持客事从简工作，带头遵守当地的相关规定，营造良好社会风气，让群众的负担减下来，形成"婚事新办、丧事简办、其他喜事简办或不办"的社会氛围。充分利用电视、广播、报纸、网络等媒体和户外广告、主题公园、主题广场等载体，广泛宣传，推动移风易俗进机关、进乡村、进社区、进家庭、进学校、进企业、进军营，做到同步宣传，同步教育。鼓励农民用文明风尚表达"爱"，倡导文明新风，用一束鲜花、一条短信、一杯清茶、一句问候来表达贺意、增进感情。同时，还要加强对老年人的照顾，大力兴办日间照料中心等养老公益服务事业，让老年人真正老有所养。大力倡导殡葬改革，引导广大群众转变传统殡葬观念，鼓励生态葬、海葬等，树立文明、节俭、绿色、节地的殡葬新风。

专栏 3-2 云南大理：抓实"客事"从简 建设文明乡风

大理白族自治州位于云南省中部偏西，有白族、汉族、彝族、回族等13个世居民族。近年来，大理州倡导移风易俗客事从简（以下简称"客事从简"），树立文明乡风，取得了明显成效。

一是开展宣传教育。大理州成立了大本曲宣讲团、剑川白曲宣讲团、新时代公民道德建设宣讲团、苍洱青年宣讲团，针对不同群体，用广大群众喜闻乐见的大本曲、白曲等说唱方式宣讲社会主义核心价值观和客事从简相关内容。探索出"开展一次基层巡回宣传活动，培养一批产业致富带头人，开展一次法制宣传教育活动，开展一次严厉打击违法行为专项行动，开展一次弘扬生育文化、倡导婚育新风活动，开办一批当家人理财培训班，开展一堂'科学理财、文明生活'教学课，开展一次集体'三清洁'活动，开展一次媒体集中宣传活动，创作一批通俗易懂的文艺节目"等"十个一"主题宣传教育活动。

二是引导广大群众参与精神文明创建活动。大理州把客事从简工作作为精神文明创建的重要内容，纳入文明城市、文明单位、文明村镇、文明校园、文明家庭创建和推荐评选的考核指标和测评体系。严格实行"一票否决"制，凡出现铺张浪费、大操大办、盲目攀比、不文明闹婚等现象的，一律不得参加精神文明创建推荐评选，形成点线面结合、以城带乡、城乡共建、区域性协调发展的精神文明建设联创格局，弘扬文明新风取得了新成效。

三是制定村规民约。通过制订村民代表会议制度、村民理事会章程、村民监事会章程和村规民约，形成了以村级党组织为核心、村民自治理事会为补充、村民监事会参与监督、村民广泛参与的管理机制。具体到每个村的一场客事能办几桌、酒席标准是多少、菜品是几个、烟酒的价位不能超过多少等等，都由群众参与制订，一致通过后形成各村《关于移风易俗客事从简的规定》，并纳入村规民约，大家共同遵守执行。还充分发挥村老年协会、洞经会、莲池会、文艺队等民间组织和新乡贤在推动客事从简中的重要作用。

通过各级各部门和广大干部群众的共同努力，大理州推进客事从简工作取得了较好的实效，农村客事减少了，干群关系密切了，发展能力增强了，社会风气好转了，醉酒闹事、酒后驾车、客场上赌博等现象大大减少了，歪风邪气刹住了，正气弘扬了，社会风气明显好转。

资料来源：内部资料

三、教化乡村居民

要开展全民的培训，教化乡民、涵养乡风。乡民的知识教育应该化入其赖以生活的日常共同体内。应该把教化乡民作为乡村治理的一个重要环节抓紧抓好。依托农村文化礼堂等场合对广大村民开展政策宣传和引导，让广大村民了解党和国家的政策，增强一分理解，多一分支持，要通过道德讲堂、家训等加强对年轻一代的教育，让广大乡村的孩子热爱自己的家乡，记住自己的家训，提高为家乡发展奉献的积极性和主动性。乡贤文化是扎根于农民家乡的母土文化，在教化乡民的过程中，需要有一批乡贤作榜样，他们都是从乡村成长起来的精英，或致仕、或求学、或经商等，而回乡的乡贤以自己的经验、学识、专长、技艺、财富参与和支持乡村振兴。他们这些人散发出来的文化道德力量可教化乡民、反哺桑梓、泽被乡邻、温暖故土，对凝聚人心、促进和谐、重构乡村传统文化大有裨益。因此，要树立新乡贤的标杆，弘扬优秀乡贤的奋斗精神，用乡贤的道德力量影响乡民、教化乡民。

专栏3-3　湖南省新化县油溪桥村：以积分制推动村民参与村级事务

油溪桥村位于湖南省新化县吉庆镇东北部，属石灰岩干旱地区，人均耕地不足0.5亩，自然资源匮乏，原先村民人心不齐、赌博成风，曾经一度是省级特困村，被周边百姓称作"有女莫嫁油溪桥，干死蛤蟆累死牛"。近年来，油溪桥村探索利用积分制管理的形式，对村庄党建活动开展、资源盘活利用、村规民约制定、村集体经济发展等大小事务一一进行细化、量化，并科学开展考核，以此不断激发党员群众在乡村治理和发展建设中的认同感与责任感，形成发展合力，推动全村各项建设迈上快车道。

一是运用系统思维，以小积分奏响"大合唱"。油溪桥村"积分制"管理由村党支部全面领导，以积分考核管理为主要形式，通过登记、审核、公示、讲评、分享等环节，使得村里大小事务都能通过"积分制""积分卡"得到有效处理、生动体现。村党支部全面领导，成立积分制管理领导小组，负责筹划、认定、考核等工作。村民全面参与，通过新媒体、老传统并用的方式广告而之，提升村民对"积分制"的知晓度、认可度、参与度，发放征求意见书，征集群众好想法、好建议，并召开村民代表大会进行投票表决。村级事务全覆盖，无论是义务筹工筹劳，还是村里组织的各项活动、各级事务及违法违规行为等，都纳入积分动态管理之中，建立积分动态管理台账。

二是打通各个环节，以小流程链接"大治理"。油溪桥村在推进积分制管理过程中，对登记、审核、考评、分享各个流程进行全程管控，确保取得预期效果。一事一记录，村民可自行申报积分，村小组成员核实后登记归档。一月一审核，村积分制管理领导小组每月 28 日对村民积分进行审核认定，统计相应数据。一季一公示，村民的积分情况在村务公开栏等醒目位置进行公示，接受广大村民监督；有异议的可向村两委反映，经调查核实后作出妥善处理。

三是坚持正向激励，以小量变推动"大变革"。积分管理与村民践行村规民约的情况、集体经济分红、干部选举、工资绩效等切身利益挂钩，并制定了兑换服务、物质奖励、精神鼓励等激励办法，激发了村民干事的内生动力，激发党员群众对乡村治理的认同感与责任感，让干部和群众一起谋思路、想对策，凝聚正向合力推动农村大发展大提升。

积分制"积"出了基层组织力、"积"出了内生源动力、"积"出了农村生产力，积分制管理成为推进乡村有效治理的有力抓手，油溪桥村也实现了由特困村到乡村振兴典型村的完美转型。

资料来源：内部资料

四、保护村落遗产

传统村落中蕴藏着丰富的历史信息和文化景观，是中国农耕文明留下的最大遗产。《乡村振兴战略规划（2018—2022 年）》把乡村分成四大类进行规划和建设，一些传统村落有可能会被划入特色保护类村庄建设类别，如何发挥传统村落的作用显得特别突出。因此，要有效利用传统村落这个载体，促进传统文化与现代文明的融合，树立活态保护理念，加大村落建筑修缮保护力度，对于具有浓郁地方特色、具备农村传统文化特征的古民居、古村落要进行保留、保护和维修利用，避免建设性破坏，为后代子孙留下宝贵的乡村记忆和文化财富。在保护规划中一定要引入人类学者，听取这些专家对文化保护的独特见解，注重文化资源的开发和利用。摒弃形式主义的思维，以解决问题为导向表达规划成果，做到好懂、好用，方便规划管理者、工匠、村民的实施。人类在其所处环境中，创造并传承至今的独特的农业生产系统已经成为重要农业文化遗产，具有丰富的生物多样性、传统知识与技术体系和独特的生态与文化景观等，要发挥其对农业文化传承、农业可持续发展和农业功能拓展方面的科学价值，将相关的支持项目向这些农业文化遗产上倾斜，将其与休闲农业发展有机结合，探索开拓动态传承的途径、方法，努力实现文化、生态、社会和经济效益的有机统一。

专栏3-4　海南省琼海市：保留传统特色风貌 建设美丽乡村

琼海市以美丽乡村建设为统领，尊重农民意愿，保留乡村传统特色风貌，充分挖掘乡村文化价值，实现传统与现代的有机结合，创新建设模式，促进农旅业态融合。

一是量身定制，打造特色美丽乡村。依托博鳌亚洲论坛"金字招牌"，保持和展现田园风光特色，琼海市打造兼具"国际范"与"乡土味"于一体的博鳌美丽乡村集群。按照"一村一特色、一村一主题"的思路，结合各村的历史底蕴、资源禀赋、文化特色等，为每个乡村量身定制建设方案。椰子寨村将红色历史主题与美丽乡村建设相结合，融入地方特色，促进历史文化传承，为当地村民搭建增收新渠道，成为革命传统教育和红色旅游、乡村旅游的亮点。

二是践行"两山"理论，留住原味美丽乡村。琼海市始终树牢"绿水青山就是金山银山"理念，抓住海南建设国际旅游消费中心的大好机遇，在保护好生态环境的同时，大力推动乡村民宿、休闲渔业、特色加工等一二三产业融合发展，既做足"面子"，更做实"里子"。新改造完成的博鳌留客村，无论是稻田、花卉，还是河边的木栈道、居民住的老房子，都充分展现了本地特色和文化。

三是传承优秀乡村文化，建设现代乡村文明。琼海市在美丽乡村建设中，既注重村庄外部硬环境的整治建设，又注重村庄文化软环境的传承与创新。潭门镇排港村保留村落原有形态和格局，将渔文化融入休闲文化生态，发展渔歌文化、渔家文化，引导渔民转型转产，呈现出原汁原味的"渔家风味"。

资料来源：内部资料

五、开展文明评选

文明评选就是要倡导社会文明、促进文明程度的提升，推进人与人之间的和谐社会关系的建立。要发挥文明评选在乡村文化振兴中的重要作用，倡导文明新风，激励和引导乡村干部和农户家庭积极参与"文明村镇""星级文明户""好媳妇、好婆婆""卫生文明户""最美脱贫示范户"等活动，把身边好的典型挖掘出来，引导广大干部群众评先进、学先进、当先进，弘扬向善向上的正气，采取提高星级文明户的信用贷款额度等相关配套措施，营造崇德向善、孝老爱亲、见贤思齐的良好氛围。同时，要建立乡风文明指标体系，各地可以参考指标体系开展建设，由第三方据此指标对乡风文明的整体情况进行全面评估，通过全面评估，让村容村貌干净整洁、群众文化丰富多彩、身边好人不断涌现、孝老爱亲蔚然成风。

专栏 3-5　黑龙江省依安县："五星新农家"评选，推动形成文明风尚

围绕"卫生整洁、文明风尚、孝老爱亲、诚信守法、自强致富"，依安县在全县连续开展"五星新农家"评选活动。通过广泛宣传、活化载体、选树典型，以身边的事教育身边的人，弘扬正能量，营造了"人人争星、户户光荣"的良好氛围，提振了群众脱贫致富的精气神，激发了群众内生动力，督促群众改变不良习惯，干净整洁、友爱互助、尊老爱幼、诚实守信、勤劳致富的美德蔚然成风，有效促进了广大农民整体素质的提升和农村面貌的改变，形成淳朴民风、良好家风、和谐村风、文明乡风。

一是巧妙设计标准，营造人人参与、户户争星的氛围。与乡村振兴的要求相衔接，科学设计评选标准，贴近村民生活实际，让老百姓懂得努力的方向，从而有参与的动力。例如卫生整洁星设计为三个档次，能够将自家房屋里收拾干净为三等，能够将屋里屋外、房前屋后都收拾干净为二等，如果能够将门前公共区域也收拾得很干净则是一等。

二是多措并举，积极宣传动员。为了调动村民参与的积极性，县、乡、村、户四级联动，采取多种措施，动员广大农户投身到评选活动中来，营造"懒惰致贫可耻、奋斗创造幸福"的浓厚氛围。县政府将"五星

新农家"宣传语编成三句半录入到小广播中；各乡镇主干道显要位置设立大型广告牌；每个中心屯悬挂固定条幅；向每个农户散发宣传单；每个农户家张贴《致广大农民朋友的一封信》。驻村工作队和村两委积极入户进行宣传动员。

三是选树典型，加大宣传，发挥榜样引领作用。选树自强致富星、卫生整洁星、文明风尚星、孝老爱亲星、诚信守法星等典型，隆重举办命名表彰大会，并颁奖致辞，以表彰先进，鼓舞士气。将"五星新农家"评选出的先进事迹装订成册，分发到各乡镇和各村屯，传播新观念、新思路、好经验。充分发挥电视台、政务网、微信公众号作用，加大宣传力度，让群众感受到来自身边的正能量。为获得"五星新农家"称号的农户挂牌，增强其荣誉感，同时激励其时刻提醒自己，发挥表率作用。

四是探索创新奖惩机制，弘扬正气，抵制歪风。探索设立爱心扶贫超市，动员社会爱心人士积极捐赠物品，并专门制定了针对当选"五星新农家"贫困户到超市兑换物品的制度。设立公示墙，将表现突出的家庭照片和事迹，张贴到墙上，起到公示和宣传的双重作用。设立诚信黑名单制度，将失信人员列入黑名单，所有重点工作都跟诚信挂钩。

资料来源：根据实地调研资料整理所得。

六、挖掘民间手艺

由于很多"民间手艺"大都在远离我们的生活，有一些基本不用了，但是这些手艺中体现的工匠精神、传承的文化记忆却是需要永远铭记的，因此，必须保护好这些"民间手艺"，让"民间手艺"在现代生活中依然可以保持活力。有一些"民间手艺"被列入非遗项目，国家有专项资金支持对其进行系统性发掘、保护和传承。但非遗项目毕竟不可能实现全覆盖。当前，"民间手艺"赖以生存的经济、社会条件发生了改变，仅靠传承人和技艺的传承还远远不够，必须要合理开发利用，挖掘民间手艺所蕴含的文化价值，将"民间手艺"与互联网接轨，让"民间手艺"成为新时尚，让外出游子记得住乡愁，激发大家建设家乡、发展家乡的热情，让外来的游客能参与到民间手艺的体验中，营造乡村振兴的良好氛围。一方面，设立专项资金进行系统性发掘、保护，挖掘现有的乡土文化人才，为他们搭建展示和服务的平台，采用文字记录、拍照、视频录像等办法将其完整记录下来；另一方面，应加强对新一代乡土人才的培育，搞好"传、帮、带"，形成乡土文化人才储备的良性互动，像苗绣等国宝级的传统文化和工艺，只有少数年龄大的绣娘和苗绣大师才能够领悟其精髓，大多数年轻人最多只了解其简单的工艺。

还要让民间手艺依托互联网的优势，在新时代发挥其应有的价值，在传承中发展、在发展中传承。

专栏 3-6 贵州省凯里市：发展苗绣产业 脱贫奔小康

苗绣是苗族同胞在千百年历史长河中形成的独有的艺术形式，也是第一批入选国家级非物质文化遗产名录的少数民族传统手工技艺之一，称得上"民族瑰宝"。凯里市积极挖掘传统文化资源，用好苗绣这个"宝贝"，以脱贫为核心，以培训为抓手，以市场为目标，以合作社为落脚点，做大苗绣产业，在指尖上绣出一条产业致富的发展新路。

一是以培训为抓手，培育一支优秀绣娘队伍。实施"女性幸福基金"苗绣村寨扶持项目、"指尖上的幸福"妇女经济发展赋权项目，聘请多名省级苗绣大师担任培训顾问，在贫困村寨组建绣娘刺绣合作社，采取"村寨培训"和"集中培训"相结合的方式，提升绣娘刺绣水平。凯里市文产办还制作了凯里方言和苗语两个版本的苗绣视频教材。

二是以现代科技为翅膀，开拓一片广阔市场空间。凯里市积极开拓国内外市场，在中国宋庆龄基金会的协助下，先后为项目村寨争取到了联合国开发计划署、法国爱马仕、法国欧莱雅、广东景兴集团、华语影视周组委会、法国嘉人杂志等组织和企业的订单，从而增加绣娘收入。邀请国家商务部、贵州民族大学等单位的专家教授为绣娘们讲解国家在保护民族文化产业、发展电子商务等方面的政策，积极组织开展农村电商培训。陆续推出刺绣二维码、苗绣笔记本、苗绣衬衫等文创设计产品。

三是以传统技艺为载体，打造一个可持续发展的产业。凯里市组织开展暑期老少传承活动，邀请老手艺人向少数民族青少年传授传统技能。男人们不但不再训斥妇女们在家绣花，还鼓励女人们去参加培训学习刺绣。有相当数量的男孩也参与刺绣活动，打破了刺绣只在女孩中传承的固有思维。不仅给村寨儿童的暑期生活带去了许多欢乐，也显著提升了村里青少年儿童对自身民族文化的认同感，有力地推动了苗族刺绣的传承和保护，为项目的可持续发展和苗绣的传承奠定了坚实的基础。

数据来源：内部资料

七、活跃民俗节日

节日自古以来就是大众文化最有效的推广方式，各类民俗节日是广大人民群众在长期发展中所创造的精神文化，承载着不可估量的人类文化价值。活跃民俗节日不仅有利于传承和弘扬传统文化，更有利于推动中华文化的发展。由于中国数千年来都是农业社会，传统民俗节日经常把农业社会的一些基本知识融入其中。这些知识既有关于农业生产的，也有其他方面的。民俗节日的内容包罗万象，形式丰富多彩，是政治、经济、生产、生活、文化艺术、社会交际、民族心理等的综合反应，具有全息性质。民俗礼节、节庆习俗、传统艺术、民俗约定、宗教信仰等，都是乡村文化振兴的切入点。要在各种文旅结合的项目或活动中，重拾那些已经不为展演但仍存留在民众记忆中的固有节俗活动并加以改造，充分发挥想像力，创造新的活动，增加节日的吸引力，让村民和游客共同参与其中，将传统民俗变成现实中受欢迎、能够不断传承的活的文化，让游客在喜闻乐见的氛围中，耳濡目染文化的价值，增强文化认同和文化自信。

> **专栏 3-7　河北省涉县：发展传统民俗文化 助力乡村文化振兴**
>
> 　　涉县，隶属于河北省邯郸市。近年来，涉县充分利用传统民俗节日，大力发展传统文化，实施文化惠民工程，提升公共文化服务水平，使乡村文化振兴事业得到长足发展。
>
> 　　一是以文化节日为载体，开展文化活动。充分利用端午节、中秋节等传统民族节日，引导和鼓励群众自创自办、自主开展群众性文化活动，让老百姓成为舞台的主角。举办音乐节、文化节、粽子节、丰收节、菊花节、桃花节等系列活动，通过形式多样的自编节目，说村子里的发展，唱生活上的变化，借助网络新媒体平台广泛传播。
>
> 　　二是成立兴趣小组，为群众提供交流平台。成立诗词协会、书画协会、自行车运动协会等，定期组织活动，比如书协每半年在菊香书屋举办一次书展，展示交流新作品；诗词协会每当农闲时节便聚集在一起进行交流；自行车运动协会定期组织环保骑行，到文化广场进行大扫除，为创建文明城市贡献自己的力量。后营村村民自发成立诗歌协会，以诗会友，提高文化生活品味。
>
> 　　三是大力发展传统民俗文化。更乐镇张家庄江新村举办的颂党恩民俗灯笼文化节，对传承传统民俗、激发乡村活力起到了极大的促进作用。民俗展、花灯展让人耳目一新，穿梭于山间的走灯为镇里增添了几分繁华气息；群众挥着扇子、扭着秧歌、舞龙舞狮，一派红红火火景象；岩壁上的展板展现着当地特色小院，并附有几句古诗，让这个热闹小街多了一丝文化气息；还有手工艺者匠心独运，手工编织灯笼，让镇里充满市井风情，这些精彩纷呈的活动让山间小镇充满勃勃生机。以节日为载体，极大地调动了群众的参与热情，让传统民俗得到发扬。
>
> 　　资料来源：根据实地调研资料整理所得。

文化元素在乡村振兴中的实践

文化是一个国家文明的基石，是民族精神的底蕴。我国乡村从开展社会主义新农村建设，到升级为美丽乡村建设，再到全面推进乡村振兴，乡村得到了前所未有的关注和发展。在这个过程中，无论是发展乡村产业、改善人居环境，还是建设文明乡风、优化治理方式、促进共同富裕，文化不仅是建设的内容，而且是各项建设活动中不可或缺的底色，更是推动乡村在新时代中焕发文明新气象的重要动力。笔者以调研的一个村子和一个乡镇为例，展现地方在乡村建设过程中，如何挖掘、注入、利用文化元素并发挥其重要作用全貌。

一、浙江省鱼圻塘村：文化元素丰富美丽乡村建设内涵

2016 年，笔者赴浙江省平湖市鱼圻塘村，就该村"省级美丽乡村示范村"的建设模式进行了调研，对美丽乡村建设的实践有了深入了解。调研发现，鱼圻塘村作为拥有历史文化底蕴的村子，抓住了浙江省推进美丽乡村建设行动计划的机遇，不仅整治了农村环境，改善了社会服务，提升了乡村的"颜值"，还通过挖掘和培育特色乡土文化等举措，丰富了乡村的文化建设内涵，实现了从传统农村到具有特色的美丽乡村的蜕变。

（一）浙江省推行美丽乡村建设的背景

1. 乡土记忆淡忘　近些年来，浙江省的老年人口增长快，规模大，截至2015 年，浙江省 60 岁及以上老年人口已达 984.03 万人，占总人口 20.19％，已进入人口老龄化阶段。农村中老年人口的增多和空心化等现状，使农村承载的乡土记忆正在被淡忘，这样的情况引起了浙江省委省政府的高度重视。为此，在推进新农村建设中，浙江省格外注重乡村文化保护和建设，不仅对古村落加以保护利用，而且在农村全面推广建设文化礼堂，截至 2016 年 7 月，浙江省的农村文化礼堂已建成 5 371 家。浙江省对乡土文化的重视，极大地保护了乡土记忆的留存和传承，推动了农村的精神文明建设，提高了公共文化服务水平，为美丽乡村建设中的文化元素挖掘和培育打下了坚实的基础。

2. 财政大力支持　改革开放以来，浙江省从农村工业化起步，着力推进城乡经济发展，浙江省的经济连年增长，成为中国经济强省。据《浙江省政府工作报告》统计，2015 年，浙江全省生产总值达到 42 886 亿元；城乡居民人

均可支配收入达到 43 714 元和 21 125 元。在这样的情况下，浙江省在乡村建设上，具有使"金山银山"和"绿水青山"相互转化的经济实力。浙江省设立了支持美丽乡村建设的专项资金，并出台了《浙江省美丽乡村建设专项资金管理办法（试行）》，大力支持全省的美丽乡村建设，为有条不紊地推进美丽乡村建设提供了经济保障。

3. 体制机制成熟 美丽乡村建设是一项复杂的系统工程，涉及面广，时间跨度大，需要有成熟的体制机制做保障。浙江省坚持领导牵头、部门联动、分级负责的领导体系，形成了统筹推进美丽乡村建设的强大合力，保障了组织力度。同时，美丽乡村的建设情况成为衡量干部政绩的重要内容，列入了综合考评范围，强化了激励措施，在制度上保障了美丽乡村建设的持续有效推进。浙江省在基层社会治理上依托平安建设信息系统，采用了"网格化管理、组团式服务"模式，经过几年的实践已在农村地区运行成熟。这种社会治理模式使政府的管理精细化，加强了地方政府与村民的联系，能够及时把相关信息和情况上传下达，增进相互理解，平稳推进了美丽乡村建设。

4. 总体规划合理 浙江省在美丽乡村建设上坚持"一张蓝图绘到底""一年接着一年干、一届接着一届干"的指导思想，有效地保证了美丽乡村的有序发展。自 2003 年起，浙江省实施"千村示范、万村整治"工程，着力改善农村人居环境；2010 年，进一步提出推进"美丽乡村"建设的五年规划，将农村政治、经济、文化、社会、生态文明建设有机结合；截至 2015 年，浙江省建成了 2 500 个美丽乡村特色村，构建起了具有浙江特色的美丽乡村建设格局。

（二）鱼圻塘村建设美丽乡村的实践

鱼圻塘村位于浙江省平湖市北郊，由 9 个村合并而成，是平湖市最大的行政村，鱼圻塘村的集镇区域已有 800 多年历史，拥有深厚的历史文化底蕴。在浙江省相关政策的支持下，鱼圻塘村积累了一定的发展基础，于 2013 年成功申报"省级美丽乡村示范村"的创建计划，得到了各级财政资金支持，美丽乡村建设稳步推进。

1. 打造宜居乡村 鱼圻塘村邀请平湖市城市规划设计院对美丽乡村建设进行规划设计，在听取了市、镇主管部门和专家意见的基础上，鱼圻塘村确立了"五结合"的原则，即：结合新社区建设、结合解决村民群众问题、结合本村民俗文化特色、结合生态自然环境、结合长效管理，为美丽乡村的创建提供了合理规划。鱼圻塘村的宜居美丽乡村建设可以总结为"美化、洁化、绿化"这三个方面。"美化"工作围绕着住房进行。鱼圻塘村投入 35 万元改造红卫河、集镇农房的外立面，统一刷白；在集镇、赵家坟、小新村等自然村落农居点，投入 10 万元制作文化墙，融合村里的民俗文化，在墙上绘制有关新农村建设、科普宣传等内容。鱼圻塘村在集镇地区建新社区，在基础设施上投入资金 250 万元，征地 80 亩，规划总户数 150 户。"洁化"工作是指鱼圻塘村通过五水共治、三改一拆、生猪减量等举措，疏浚了河道，实现了生猪清零，改善了生态环境。"绿化"工作体现在鱼圻塘村投资 100 万元建设绿地公园，其中红卫河北侧建成了 2 000 平方米的村落小公园，集镇北侧建设 9 000 平方米的绿地公园，在村主要入口设置了景石，这些举措大大增加了村里的植被覆盖率，也为鱼圻塘村创建了新的风景。

2. 挖掘历史遗产　鱼圻塘村注重挖掘村里的历史遗产，保护村庄传统文化，延续乡土文化血脉。鱼圻塘村的集镇区域是南宋时期宋军为清除海盗、兴修水利所建的驻守大营故地，即鱼圻塘塞，这里有纪念南宋抗金名将刘锜大将军的刘公祠，鱼圻塘村先后投入 510 万元对刘公祠整体规划、扩建，建立展览馆、钟鼓楼等。刘公祠内陈列着以最粗、最重被纳入"大世界基尼斯"的蜡烛。每年重阳节、春节期间，总有慕名而来的香客、游客汇聚到鱼圻塘村，自发举办"鱼圻塘"庙会，这种传统延续至今，成为鱼圻塘村的一大文化特色。鱼圻塘村还有浙北最大的露天戏台"鱼香戏苑"，这是村里 1996 年投资 50 多万元修建的，可容纳万人看戏。刘公祠和鱼乡戏苑是村里民俗活动的集中地，不仅有村民在刘公祠里迎大蜡烛、逛庙会、看民俗文化表演，还吸引了大量游客前来观光。

鱼圻塘村在非物质文化遗产上也注重发掘和传承。《鱼圻塘龙旗龙伞舞》是当地失传已久的非遗民间舞蹈节目，起源于南宋时期，舞蹈再现了刘锜大将军在鱼圻塘要塞剿匪安民时出征、凯旋的场景。鱼圻塘村邀请平湖市文联的老师重新挖掘编排这一舞蹈并参加交流演出，并获得北京市第 29 届龙潭庙会金奖和韩中国际"木槿花"奖等多项奖励，高水平的表演不仅传承了非物质文化遗产，而且打出了鱼圻塘村的知名度。

3. 培育当代乡风　在重视村庄的历史文化传统的同时，鱼圻塘村还通过多种手段培育当代乡风。2012 年，鱼圻塘村投入 30 万元兴建乡风文明馆，馆里设立民俗文化、乡风文明、乡贤名人、战斗英雄、村庄发展等展区，通过实物、影像资料、文字和模型等形式宣传展示，馆内所有的农耕器械等展品都来自村民们的无偿捐赠。乡风文明馆展现了原汁原味的村落文化，再现了鱼圻塘村的发展轨迹、文明乡风、道德先进人物等，打造成了青少年教育基地。

乡风文明的塑造还需要现实中的榜样，鱼圻塘村在农村社会治理上请来了村里德高望重的退职村干部、老党员等"乡贤"，推选这些人担任村民小组长、河道保洁员、垃圾收集员、水利道路维修员、党员先锋站站长等，让他们活跃在村子里，服务村民，调解纠纷。

为了引导村民形成文明家风，鱼圻塘村开展了星级家庭评比。2014 年，鱼圻塘村的星级评比扩展到"十星"，文明户可分为守法星、致富星、卫生星、孝敬星、和睦星、公益星、义务星、诚信星、文教星、绿色星等十项内容，让农户自评、互评，再由村组审议、公示，评上星级户的家庭在家门口挂牌展示，通过民间舆论的力量引导农户在生活中积极挣"文明分"，实现自我管理、自我约束。

4. 丰富文化生活　鱼圻塘村采取多样的方式在村民的生活中注入文化元素。鱼圻塘村里建有文化大礼堂，基于村民的情况和需求举办各种学习班和讲座。2016 年暑期，针对村里青壮年外出打工、家里老人带孩子的普遍情况，鱼圻塘村请来了老师专门为村民做"隔代教育讲座"，与老年人就摆正心态、教育孩子等方面进行了交流。2009 年，退休教师于照法被聘为鱼圻塘村"春泥计划"流动辅导站的文化辅导员。几年来，于老师利用寒暑假免费教村里孩子写作、绘画、剪纸、拉二胡、书法等，丰富了孩子的假期生活。

鱼圻塘村每年都举办春节联欢会，由企业赞助，村民参与演出，激发村民观看演出的热情。除此之外，鱼圻塘村还有自己的村歌《醉美鱼圻塘》，乡风吹开记忆，走进文明村，刘锜大将军壮举，至今依然传承……，村歌里表露了鱼圻塘村的人文特色和精神风貌。他们以艺术的形式，塑造了村庄的集体文化认同感。

（三）效果

1. 凝聚了民心　我们发现，鱼圻塘村关注并满足了村民的实际生活需求，通过综合举措把旧村打造成了美丽宜居的村落，所任用的村里德高望重的乡贤群体，也成为了行政力量与村民之间的有效缓冲带。鱼圻塘村在培育当代乡风时，采用家庭评星级的方式，在邻里舆论中激发村民的荣誉感，从而主动改变生活方式。村民在村里的生活更加和谐、方便。各种文化活动加强了村庄的互动与沟通，凝聚了民心。

2. 形成了特色　鱼圻塘村挖掘历史文化，投入大量资金修缮刘公祠，延续并发扬了庙会传统；修建鱼乡戏苑，构筑村里的历史文化空间；重新编排《鱼圻塘龙旗龙伞舞》，传承了文化遗产；建造乡风文明馆，实体化了乡村记忆。村里不仅环境美了，生活服务方便了，而且村庄的人文内涵得到了大大提升，这些使得鱼圻塘村的美丽乡村具有历史和文化价值，具有不可替代性。

3. 增加了收入　鱼圻塘村依托当地特色文化，作"名人、名节、名戏"的文章，走出了一条文化旅游兴村道路。通过土地流转，鱼圻塘村还发展了特色农业、引入工业企业。这些举措推动了鱼圻塘村的商贸发展，提升了集体经济实力，丰富了农民的就业渠道，增加了农民收入。2015 年全村总产值达到10 亿元，农业产值 4 933 万元，工业产值 9.1 亿元，三产服务业 4 799 万元，农民人均纯收入达 26 189 元，比当年全国农民人均收入高一倍有余。

（四）几点启示

鱼圻塘村在美丽乡村建设中形成了一个有特色、可复制的美丽乡村模版，从其建设实践中可得出以下几点启示。

1. 合理规划，找准亮点 在一些地方开展美丽乡村建设过程中，存在一个明显的问题就是做表面文章，缺乏长远合理的规划，换一届领导换一个方案，导致很多烂尾工程。鱼圻塘村用了 3 年的时间建成"省级美丽乡村示范村"，既离不开前期全省推进乡村建设的积淀，也离不开符合村内实际情况的合理规划。美丽乡村并非千篇一律，应该既有乡村之美，又有地方文化特色，"谋定而后动"，明确方案中建设的内容和达成的标准，使美丽乡村的建设既能保持地方特色，又能高效稳步推进。

2. 挖掘传统，形成特色 鱼圻塘村每年重阳节在刘公祠迎请大蜡烛、举办庙会文化艺术周，是对传统的延续，也是对传统的创新。这种创新意味着一整套通常由已被公开或私下接受的规则所控制的实践活动，具有一种仪式或象征特性，暗含着历史的连续性。鱼圻塘村的实践卓有成效，围绕刘公祠举办的活动既弘扬了爱国主义精神，也增强了文化艺术的交流，让鱼圻塘村有了地方传统文化特色。这让我们看到，传统并不是古代流传下来的固化的陈迹，而是当代人依托习俗根据新的文化需求的创造。

3. 转换视角，激发认同 在鱼圻塘村的案例中，"第三方视角"是一个值得注意的问题，它能够通过视角转换达到增强村民文化认同感的作用。乡风文明馆通过展示村庄的历史发展和农耕文化等内容，让村民以旁观者的视角来反观自己的日常生活，如农具是从农耕活动中凝练出的物质符号，成为馆内展示的藏品，意味着在村民熟悉的生计中嵌入了文化感。鱼圻塘村的民俗文化吸引着远近的游客，游客本身属于村落中的"第三方"，当他们游览观光进到村子后，村民也能意识到村落传统文化习俗的价值，产生文化和群体认同感，形成内生的凝聚力。

二、山东省六户镇：文化元素助推乡村振兴

六户镇历史悠久，在民国前属于灶地，位于山东省东营市南部，处于城郊和胜利油田腹地，区域面积 363 平方公里，耕地面积 6 094 公顷，辖 13 个村民委员会，有 5 669 户，19 000 人。近年来，六户镇通过整合并利用优势资源、发展产业、优化环境、举办并承接多姿多彩的文化活动、优化社会治理方式、带动农民增收，逐渐探索出了一条具有区域特色的乡村振兴之路。

（一）以乡村旅游带动产业发展

六户镇所处区域地势平坦，有良好的生态环境，旅游资源丰富，拥有"国家级生态乡镇""山东省旅游强镇""山东省环境优美镇"等荣誉称号。四干渠、五干渠横贯六户镇，武家大沟、广蒲河、老广利河和运料河等五条河流流经境内，河流纵横，产生了大量湖泊水面、原生态湿地，物产丰富。六户镇内有两个万亩生态林场，成为紧邻东营中心城区的一处天然氧吧。六户镇耕地面积广且集中连片，在旅游部门指导下，六户镇大力发展以生态农庄为依托的乡村旅游产业，发展了大量采摘园和农家乐，目前已拥有开心农场、丽日锄禾、桃花源生态农庄、菜地厨香等一批具有特色的品牌农家乐，这些品牌兼顾了农业项目和旅游景点，成为带动六户镇乡村旅游发展的龙头企业。目前，东营区委、区政府在六户镇推动开发"城南民宿"项目，并设置三大原则：第一，整体开发原则，在保护原有的生态环境、历史文化和人文风貌基础上，因地制宜进行民宿招商；第二，农民受益原则，对外招商的目的是在保护生态环境的基础上带动当地经济发展和本地百姓致富，让百姓受益；第三，遵守绿色环保、可持续发展的原则，严厉杜绝黄赌毒等容易滋生违法违规问题的"带病"项目等，在合理规划下，六户镇充分发挥了生态资源丰富的优势，发展生态旅游，促进了乡村旅游产业的健康可持续发展。

（二）以综合卫生整治优化乡村环境

六户镇生态基础良好，在居住区通过综合举措，推进乡村综合环境整治。首先，建立垃圾清理长效机制。六户镇建立了垃圾回收和清运管理机制，重点加强保洁队伍建设，建立了人员充足、责任明确的基础设施管护和卫生保洁队伍，将保洁队伍建设及工作成效与农村综合考核挂钩，实现保洁管护工作常态化。在监督检查上，六户镇将整治任务分解落实到人，严格奖惩，并开展日巡查、周督查、月评比，实行三天一调度、一天一通报，每月进行一次综合评比。其次，扎实推进畜禽污染整治。六户镇为彻底整治畜禽污染，制定了《六户镇畜禽养殖污染集中整治工作方案》，成立多部门参与的整治领导小组，细化分工，把责任落实到人；在各村配备联络员，形成镇村联动的工作机制。六户镇发布养殖场（户）搬迁关闭整治通告，多渠道集中宣传畜禽污染整治工作，引导养殖户理解、支持并积极参与整治。镇里组织各村和油田单位对各自管辖范围内的畜禽养殖情况进行详细调查摸底，摸排出禁养区养殖专业户 11 家、非禁养区养殖场（区）11 处、养殖专业户 42 家。对禁养区内养殖场（户）建档立册，分类施策，采取了"主动拆除、限期整改清理、逾期强制拆除"三种方式，扎实推进了养殖场（户）清拆工作。再次，实行"河长制"加强水域生态保护。六户镇根据《东营区全面实行河长制工作方案》要求，出台了《六户镇全面实行河长制工作方案》，对镇范围内的所有河道排查摸底，成立了由相关单位参与的六户镇河长制办公室，镇政府每年给河长制办公室拔付工作经费 10 万元。河长制办公室每个成员单位确定 1 名联络员，负责落实办公室安排的各项工作。为加大河长制工作的社会参与度，在村级推荐的基础上，六户镇确定了 13 名"民间河长"，协助村级河长开展河长制相关工作，聘任了河道管理员，实行一年一聘，每月工资 800 元。结合实际，六户镇党委出台了《六户镇河长制相关工作制和考核办法》，建立了镇、村河长制工作体系，实现分工明确，责任到人，有效加强了水域生态保护。

（三）以文化活动涵养文明乡风

近年来，六户镇通过不断夯实文化活动阵地、积极壮大文艺宣传队伍、开展丰富多彩的文化活动等举措，丰富了人们的精神文化生活，引领形成文明乡风。第一，完善文化基础设施建设。六户镇逐年加大文化基础设施建设力度，充实完善各村农家书屋和文体活动场所，为文化活动提供阵地，积极开展丰富多彩的群众文化活动。目前在田庄村已建成综合文化服务中心、数字文化广场，西六户村和东辛集村也已开展相关建设。第二，发展文艺宣传队伍。六户镇以创建国家公共文化服务体系示范区为依托，加大基础设施投资力度，积极开展文化活动，大力培育文化人才队伍，文化事业得到较大发展。六户镇通过支持开展村级文化队伍的组织和培训，提高了农村文艺表演队伍的整体素质；通过广场舞比赛、秧歌比赛、文艺汇演等多场活动，丰富了村级文艺表演队伍的演出经验。各村在多年积累基础上发展出多个特色品牌文艺队伍，并在节日期间开展了秧歌队表演、篮球比赛、广场舞比赛等不同形式的联欢活动。第三，丰富群众文化生活。六户镇积极组织"剧团下村"活动，在 2017 年元旦、春节期间，邀请红荆吕剧团、紫惠艺术团等民间文艺团体赴 13 个村开展文艺下乡巡回演出 26 场，进一步丰富了群众文化娱乐生活。六户镇每年春节都承办新春庙会，从大年初一开始，奉上舞狮、吕剧、短穗花鼓、盐垛斗虎等本地民间文艺表演民俗展演，以及传统中式婚礼展演、马戏杂技等表演，日平均接待游客达 3 万人次，总游览人数达 20 多万人次。

（四）以"网格化管理"激活乡村治理

六户镇根据属地管理、地理布局、现状管理等原则，将六户镇管理辖区划分为 14 个网格单元，对每一网格实施动态、全方位管理，实现网格内"人、地、事、物、情、组织"等全要素信息的常态化管理，提供主动、高效、有针对性的服务。每个网格设置一个网格长，网格长为网格第一责任人，负责本网格内的信息综合、便民服务、党建工作、综治维稳、宣传教育、劳动保障、环境卫生、文体工作等所有业务。为充分调动网格长工作积极性、主动性和创造性，六户镇积极探索长效管理机制，建立考核制度，把考核结果作为网格长绩效工资发放、奖惩和聘用的重要依据。六户镇积极组织对网格长的培训工作，邀请东营区数字中心专业人员进行集中培训，发放网格化管理操作手册，帮助网格长尽快熟悉工作程序，履行好网格长工作职责，真正做到"三活"（活户籍、活档案、活地图）、"四清"（家庭情况清、人员类别清、区域设施清、隐患矛盾清）、"五到家"（经常走访到各家、各类意见听到家、建立感情心到家、细致工作做到家、好事实事办到家）。

（五）以"农旅"结合提高农民收入

六户镇利用区位优势、资源优势，在乡村大力发展瓜果、蔬菜、花卉为主的优质高效农业，构建起了"种养加，产学研，商消游"一体化的农业新格局，大大提高了农业综合效益。近年来，六户镇累计发展瓜果种植 4 000 余亩，仅此一项，每年能为农民带来超过 1 500 万元的收益，人均增收千余元。2017 年，六户镇实现地区生产总值 29.71 亿元，农民人均可支配收入 20 659元。东六户村从 2012 年开始大面积种植葡萄，如今全村 2 600 多人、700 多户人家，其中 400 多户种植葡萄，全村种植面积 1 000 多亩，年产值达到 300 多万元。东六户村着力打造"十里六户生态苑，万亩葡萄玫瑰香"的乡村休闲旅游品牌，已成为东营市民"近郊游、农家游、采摘游"的首选之地，"六户葡萄"也成为享誉周边的优质农产品品牌。武王村立足本村实际，大力发展西红柿大棚种植。成立了"武王红蔬菜种植农民专业合作社"，注册了"武王红"西红柿品牌，实行"种植规模化、管理企业化、产品市场化"的运作模式，开展测土配方施肥，组织种植户参加培训，改造水库解决灌溉问题。全村已有160 个西红柿大棚，合作社成员 23 人，带动种植者 200 余人，仅西红柿种植这一项就能带动增收 800 余万元。目前，武王村积极发展以果蔬采摘、农事体验为主的农业旅游，每年可接待西红柿采摘游客万余人次。

六户镇立足自身实际，梳理优势资源，积极探索符合自身发展规律的乡村振兴途径，在发展经济的同时不忘保护生态，在优化社会治理方式的同时不忘提供丰富的文化活动引领文明乡风，在促进产业发展的同时不忘带动农民增收，扎扎实实探索出了一条可持续的乡村振兴之路。

浙江省的鱼圻塘村和山东省的六户镇在建设乡村的过程中，依据自身的资源条件，不同程度地借助文化元素推进了乡村的发展。在历史文化资源上，作为具有悠久历史的古村，鱼圻塘村的历史文化资源丰富，围绕着该地的南宋抗金名将刘锜将军的历史事迹，复建具有历史文化象征意义的刘公祠，复原了

《鱼圻塘龙旗龙伞舞》等非物质文化遗产，特色鲜明，重点突出。六户镇历史上曾为聚居煮盐的地方，虽然相关历史文化遗存较少，但盐文化历史悠久，可在该地盐的制作、开采、历史地位的演变等方面进行深入挖掘，结合"盐垛斗虎舞"这一非物质文化遗产，打造独具特色的地方性文化。在经济发展模式上，历史文化遗存、民俗文化等文化元素是鱼圻塘村乡村旅游业发展的重要依托，对文化的挖掘、保护、传承不止是对村庄内部集体记忆的留存，也是对外来旅游者的文化展演，具有文化价值和经济价值的双重意义。六户镇的乡村旅游以采摘、农家乐、民宿为主，更多地依赖于自然资源，在产业文化的挖掘上，可在瓜果文化、采摘文化上面做文章。联合果园主，举办采摘文化节，将采摘、民俗表演、文艺演出、旅游观光、农家乐等资源串联，打造采摘旅游文化节，以节庆塑造文化，以文化丰富节庆内涵。在村民的文化体验上，无论是鱼圻塘村还是六户镇都较为重视培育村民的文化生活，在文艺队伍建设、文化演出等方面下了功夫，丰富了村民的文化体验。文化的价值不止是茶余饭后的消遣和精神愉悦，还应发挥好文化，尤其是优秀农耕文化的教化作用。"文以化人""德以润身"，对己而言是修身养性，对管理者而言是淳化乡风民风。应利用好文化大礼堂、新时代文明实践中心等平台，组织身心健康教育、传统文化学习等普惠课程；调动辖区内老教师、老党员等乡贤群体，动员好媳妇、好婆婆等文明典型人物，宣讲和谐家庭的好方法，开设力所能及的小课堂，让本乡人讲本乡事，使文化元素能在乡村建设中充分发挥作用，让老百姓获取源源不断的精神动力。

第五章
农耕文化传承的路径

中国以农立国，我们的祖辈世世代代在这片土地上撒下种子，收获产品，拥有悠久的农业历史。根据气候节律和自然条件土地每一年都会经历春种、夏耕、秋收、冬藏，人们顺应土地的产出规律，不断获得幸福感，我们的文化也在这片土地上生发出来，而这样的文化也慢慢演变成了人民的精神家园，成为中华民族发展壮大的强大精神力量。农耕文化是中华文化的根基，就像农业是国民经济发展的基础一样重要。2007 年中央一号文件指出："农业不仅具有食品保障功能，而且具有原料供给、就业增收、生态保护、观光旅游、文化传承等功能。"现代农业发展与农耕文化的传承是密不可分的整体。2009 年 9 月，中国（庆阳）农耕文化节强调了农耕文化与现代农业的密切关系。

然而，在城乡一体化发展进程中，传统农业向现代农业转型升级，农耕文化却面临着衰落和流失的威胁。因此守住农耕文化中那些活的中华民族的基因，守住土地中的伦理，守住中国文化的信仰，守住中国人在天地四时中建立起来的秩序，显得十分迫切。习近平总书记在 2014 年中央农村工作会议上指出："农耕文化是我国农业的宝贵财富，是中华文化的重要组成部分，不仅不能丢，而且要不断发扬光大。"2018 年中央 1 号文件提出，传承发展提升农村优秀传统文化，深入挖掘农耕文化蕴含的优秀思想观念、人文精神、道德规范，充分发挥其在凝聚人心、教化群众、淳化民风中的重要作用。挖掘农耕文化内涵，探索农耕文化传承方式，具有重要的现实意义。本章分析了农耕文化的内涵和演进特征，阐述了传承农耕文化的现实意义，探讨了传承农耕文化的主要方式。

一、农耕文化的内涵

在漫长的农业耕作实践中，先人们创造了灿烂辉煌的农耕文化，并代代积累传承。农耕文化内涵丰富，学术界对农耕文化内涵的界定尚不统一，有的学者将农耕文化等同于农业文化，认为两者基本同义，是区别于游牧文化、海洋文化、工业文化，以农业生产为中心的文化总称。有的学者认为农耕文化是农业文化的一个分支，将农耕文化定义为人类在农业耕作实践活动中形成的、与农业社会有关的物质财富和精神财富的总和。还有的学者从哲学视角理解农耕文化，认为它的内涵可以用"应时、取宜、守则、和谐"八个字来概括。笔者认为，农耕文化是在以小农生产为基础的传统农业社会形成的、在农耕生产实践活动中创造、积累和传承的、与农耕以及农耕社会有关的文化总和，既包括农作物、农耕器具、生活用具、传统村落和民居等实体文化，也包括与农事、农耕有关的礼仪、民俗风情、传统习惯等精神文化，如节气夏历、祭祀礼仪、诗词谚语、民歌民谣、神话传说等。"应时、取宜、守则、和谐"是农耕文化内涵的核心。

——"应时"。即"不违农时"。农业生产季节性很强，受自然界的气候影响很大。人们只有顺应天时，根据自然界的四季变换规律安排农业生产，才能过上幸福愉快的生活，这一点在生产力和科学技术不甚发达的古代社会表现的尤为明显。《荀子·王制》说："春耕、夏耘、秋收、冬藏，四者不失时，故五谷不绝，而百姓有余食也。"陈勇在《农书》中指出："万物因时受气，因气发生，时至气至，生理因之。"强调农业生产需要"盗天地之时利"，也就是人的农事活动需要遵循并利用自然规律，才能"制之有常产"。"不违农时"成为几千年来农民从事农事活动的基本准则。根据农时安排，人们创造了大量与之相关的岁时节令文化，比如二十四节气。

——"取宜"。即根据不同的土地状况、不同的物候条件、不同的时间节点从事农业生产。我国从原始社会开始，就有了"取宜"的思想，农耕文化中的"相地之宜"和"相其阴阳"理念就是"取宜"的实践经验总结，在指导人们认识自然和从事农业生产中发挥了重大作用。早在新石器时期农业诞生以来，中华先民就已经学习掌握了因地制宜，黄河流域的旱作农业、长江流域的稻作农业以及北方的草原农业都是取宜的结果。《周礼·地宜》说："以土宜之法，辨十有二土之名物，以相民宅而知其利害，以阜人民，以蕃鸟兽，以毓草木，以任土事。辨十有二壤之物而知其种，以教稼穑树艺。"就是要人们依照土宜原则发展农林牧业生产，因土种植。

——"守则"。即恪守准则、规范。我们的祖先在与大自然的长期互动中形成了用以协调人与自然关系的准则，并逐渐渗透到社会生活的方方面面。农耕文化蕴含的"以农为本、以德为荣、以礼为重"等优秀文化品格，都体现了守则的内容。费孝通在《乡土中国》中提出，中国乡土社会的秩序是"差序格局"，是"一根根私人联系所构成的网络"。在传统乡村这种熟人社会里，礼是社会公认合式的行为规范，"睦邻友好""守望相助"是社会成员的共同意识，并逐渐形成乡土社会的"礼治秩序"。

——"和谐"。即天、地、人的和谐。我们的祖先在长期的农业生产实践中认识到，人和自然不是对抗关系，而是和谐共生的关系，并由此孕育了"天人合一"的思想，讲求天、地、人的和谐共生，强调人在利用自然物质时应该遵循自然规律、顺应自然法则。老子在《道德经》中所说的"人法地，地法天，天法道，道法自然"，在一定程度上也反映了农耕文化中遵天时、守地利、至人和的自然观。《周易》认为，人应当"与天地合其德，与日月合其明，与四时合其序，与鬼神合其吉凶。先天而天弗违，后天而奉天时。"强调了人与自然的"和"。和谐理念塑造了中华民族的价值趋向和行为规范，支撑着农业走上可持续发展道路。

二、农耕文化的演进特征

中华民族有着悠久的农耕历史，在新石器时代人们就开始从事农业生产，到公元前2 000多年的夏朝，我国黄河流域由原始农业向传统农业过渡，逐步形成了精耕细作的传统，伴随着传统农业的发展，农耕文化也在不断演进，并呈现出鲜明的时代发展特征。

（一）顺应天时形成了科学的节气体系

经过几千年的劳动实践，先民们掌握了温度、水分和光照等"天时"条件，通过对天象和自然环境的长期观测注意到了"草木枯荣""候鸟迁徙""风云雷动"等现象，摸索出自然界的四季变换等规律。"顺应天时"成为中国劳动人民从事农事活动的基本准则。早在东周时期，先民们就有了日南至、日北至的概念。随后人们根据月初、月中的日月运行位置和天气及动植物生长等自然现象，形成了系统的二十四节气知识体系。时至今日，"二十四节气"凝聚着中国古代人民智慧的结晶，已经成为指导农业生产实践的重要工具，并深刻影响着中国人的思想和行动。智慧的劳动人民把有关节气的内容总结、提炼，编排成许多对仗工整、意向鲜明、生动活泼的民谚，便于记忆和安排农事，比如立春晴一日，耕田不费力；立春打了霜，当春会烂秧；雨打雨水节，二月落不歇；雨打清明前，洼地好种田；清明高粱接种谷，谷雨棉花再种薯等。中国的二十四节气已经于2016年被联合国教科文组织列入人类非物质文化遗产名录，每一位中华儿女都是二十四节气的传承人。

（二）迎合生产演化出传统的节庆习俗

在农耕文化的发展演进中，传统农事习俗逐渐演化为固定的农业礼仪和节日，成为中华民族传统文化的重要组成部分。"迎春"是民间的一项重要活动，并逐渐形成了"班春劝农""石阡说春""九华立春祭""打春牛""春倌说春"等民俗文化。甘肃省西和、礼县一带，至今还有"春倌说春"的习俗，一到春节，春倌们便游乡串户，用说唱的形式告诉人们要不违农时；江苏省盐城阜宁县"打春牛"的习俗也流传下来，人们用彩鞭鞭打春牛，提醒人们春耕即将开始，莫误农时，寓意来年五谷丰登、国泰民安。中国人把"龙"看成能行云布雨、消灾降福的神奇之物，在节庆、贺喜、祝福、驱邪、祭神、庙会等期间，都有舞"龙"的习俗，有高跷龙、舞龙头、舞麻龙、舞草龙等多种形式，成为中华民族重要的传统民俗文化活动。浙江青田是稻田养鱼的故乡，当地农民以瓯江鱼类和青田田鱼为原型，与青田民间艺术结合形成"鱼灯舞"这一独特的艺术表演形式，每逢重要节日和庆祝活动，都有鱼灯舞表演。

（三）因地制宜创造了适应的技术手段

地利是有利于作物生长的地理条件。我国先民在劳动过程中，顺应地利，改造环境，因地制宜创造了大量的种质资源培育、生物资源利用、水土资源管理、农业景观保持等方面的知识和适应性技术。如我国南方丘陵山区的农民基于种稻和保持水土的需要，西汉时即开始将山麓及沟谷中较低缓的坡地修成水平梯田。云南哈尼族先民经过艰辛的梯田农耕生产生活历练，积累了大量丰富的关于自然山水、动植物、生产生活的技能和经验，形成了《哈尼族四季生产调》，并将这些经验总结提炼为通俗易懂的歌谣，在师徒、母女和父子中通过口传心授、言传身教的方式传授，成为这个民族独特的文化现象。长江下游地区地势低洼，湖荡纵横，历来饱受洪涝侵害，当地农民在沼泽高地垒土成垛，渐而形成一块块垛田，通过这种土地利用方式发展出独特的垛田文化。在北方黄河流域干旱条件下，先民们发明了抗旱耕作法——畎田法，土壤干燥时将种子种在沟中，便于抗旱，土壤潮湿时，将种子种在垄上，便于防涝。农民在实践中总结了多种农副产品加工技术，包括肉蛋制品、蔬菜加工品、水产加工品、茶、酒、调味品和发酵制品、其他农副产品等。农民适应各地地理、地质、气候条件，创造、发明和改良形成了各种农具，既有以曲辕犁、龙骨车、耙、耖为代表的适合水田稻作的工具，也有耧车、耙耱等适合旱作的工具；有稻床、连枷等收获农具，还有磨、碓为代表的加工农具；有适应滨海地域风力资源丰富等自然条件的风车机械，也有与水网密集相适应的筒车灌溉工具；有与淡水养殖、捕捞、水上运输等生产相适应的渔船、渔网等渔业生产工具，也有适合陆地运输的板车等。农耕文化以实物文化、精神文化的方式将这些技术手段延续了下来。

（四）安心生产构筑了稳定的传统村落

固定农耕是农民安心生产的重要标志，也是村落形成的基础，村落成为农耕文化传承的重要载体，带动人们一起生产和生活，形成了具有地方特色的传统习俗、生活方式、行为规范和价值观念，以及诸如尊老爱幼、邻里互助、诚实守信等一系列优秀的品质。在农耕文化的演进过程中，许多农耕文化遗产依托传统村落留存下来。如浙江永嘉县古村落，至今仍遗存着新石器时代的文化遗址以及宋、明、清历代的古桥、古塔、古牌坊、古牌楼和古战场，且大多以"天人合一""八卦"以及阴阳五行风水思想构建，遗留着大批完整的宗谱、族谱等历史文化遗产。在不同宗族聚合的村落，乡贤治理成为促进农村社会和谐稳定的重要力量。乡贤所拥有的知识、信仰、道德标准和习俗习惯等逐渐衍生出见贤思齐、崇德向善、诚信友爱的乡贤文化，并成为教化乡里、引领乡风良俗的精神支撑。

三、传承农耕文化的现实意义

农耕文化是中华文化的根基，在朴素的哲学思想指导下，中华农耕文化长久不息，其蕴含着丰富的思想观念、人文精神和道德规范，不仅可以提升乡村发展品质和农民生活质量，而且在培育文明乡风、良好家风、淳朴民风，促进基层社会治理、维护农村社会稳定、凝聚乡村精气神等方面有着不可替代的作用。传承农耕文化，既是发展现代农业的迫切需要，也是丰富人们精神家园的现实需求。

（一）传承农耕文化有利于农业生产经营，保障粮食安全

人多地少、耕地稀缺是我国的基本国情，要保障粮食安全，需要秉承精耕细作的耕作制度，加强土地的集约化利用。我们的先人早在夏朝就萌发了精耕细作的理念，并逐渐形成了精耕细作的农业生产技术体系。《氾胜之书》记载："凡耕之本，在于趋时，和土，务粪泽，早锄，早获。"十几个字就将精耕细作的农业生产模式较为完整地表述出来。原始农业后期，我国就出现了"田莱制""易田制"为代表的轮荒耕作模式。新疆坎儿井，作为古代劳动人民改造自然、利用自然、开发利用地下潜水的一种独特的地下水利灌溉系统，深刻诠释了农耕文化的"取宜"内涵，时至今日仍然发挥着积极作用，浇灌着新疆吐鲁番、哈密等地的大片绿洲良田。传承农耕文化，首先就要传承精耕细作等农业生产发展理念，促进农业生产的集约化经营，保障粮食等主要农产品的有效供给。

（二）传承农耕文化有利于发展循环农业，改善生态环境

农耕文化强调天地人的和谐共生，我们祖先创造的"杂五种，以备灾害"的作物轮作、间作、套种、复种等种植方式，桑基鱼塘、稻鱼共生、水域立体养殖、病虫害生物防治等农业生产技术，无不体现了生态循环、环境友好、资源保护的理念。在这些理念的推动下，农业绿色发展得到越来越多的关注，取得了越来越明显的成效。比如稻田养殖，从传统单一的稻田养鱼模式逐渐向多元化的现代稻渔综合种养系统转变，病虫草害显著降低，土地生产力明显提

升。化肥农药、畜禽粪污以及秸秆利用率显著提高，农业面源污染排放得到有效控制。2019 年，我国三大粮食作物化肥、农药利用率分别为 39.2％、40.6％，较 2017 年分别提高 1.4 和 1.8 个百分点，畜禽粪污综合利用率达到 74％，秸秆综合利用率超过 85％，主要农产品例行监测合格率达到 97.4％。实践证明，传承历代保护资源环境的优秀文化，对于当今解决地力衰竭、农业面源污染等问题，具有重要的借鉴意义，同时还有利于增强人们自觉保护资源环境的意识。

（三）传承农耕文化有利于拓展农业多功能，培育发展新动能

在我国新旧发展动能转换的关键时期，传承农耕文化，有利于推进农业与文化、旅游等产业的融合发展，发掘农耕文化旅游等新型业态，拓展农业功能，培育农业农村发展新动能。近年来，我国休闲农业与乡村旅游产业规模不断扩大、发展模式逐步丰富，已经成为农村经济新的增长点，成为促进农民增收、农业增效、乡村增绿、市民增乐的重要途径。2019 年，全国休闲农业和乡村旅游接待 32 亿超人次，营业收入超过 8 500 亿元，年增速超过 10％。古朴的乡村农耕情调，是农耕文化的载体，其韵味独特、风光怡人，独具田园情调，是发展休闲农业与乡村旅游的重要基础。甘肃陇南文县以"发展旅游产业，促进脱贫减贫"为思路，依托丰富的自然资源、人文景观和民俗风情，大力发展乡村旅游富民工程，形成了以白马河景区、碧口古镇景区、天池景区为核心，以各乡村旅游扶贫村为节点的旅游空间布局。位于浙江西北部的安吉县，充分挖掘农耕文化资源，以古代农村生产、生活、娱乐、习俗、宗教等为背景，建设开发金门农耕文化体验园，大力发展休闲农业与乡村旅游，实现了产业发展与生态、文化建设的有机结合，拓展了农业的多种功能，促进了资源的高效利用，推动了城乡互动。

（四）传承农耕文化有利于提高民族凝聚力，增强国际认同感

我国每个民族根据所处自然条件和拥有资源的特点，因地制宜地从事农业生产，并由此创造了自己的农耕文化，如哈尼族的梯田文化、壮族霜降节、苗族赶秋等。这些农耕文化具有鲜明的民族特色和风格，是维系民族生存和发展的精神纽带。传承农耕文化，就要传承这些民族特色文化，增强民族凝聚力，提高世界其他民族对中华民族传统文化的认知程度。已经有一些少数民族通过建立特色明显的文化农业，成为传承农耕文化中一道亮丽的风景线，例如云南省被命名的 7 个农业文化遗产项目：元阳县箐口村哈尼族传统红河哈尼稻作梯田系统项目；景迈村和芒景村的傣族和布朗族传统普洱古茶园与茶文化系统项目；光明村白族和彝族混居传统漾濞核桃作物复合系统项目；沙溪古镇白族传

统剑川稻麦复种系统项目；八宝村苗族和壮族传统广南八宝稻作生态系统项目；冰岛村傣族和拉祜族聚居地的双江勐库古茶园与茶文化系统项目；腾冲猴桥傈僳族槟榔江水牛养殖系统项目等。云南元阳利用哈尼梯田资源，每两年举办一次"中国红河元阳哈尼梯田文化旅游节"，向海内外游客展示当地悠久的梯田文化，不断扩大国际影响力。甘肃文县利用白马藏族民俗文化特色，连年在铁楼藏族乡白马山寨举办陇南文县白马人民俗文化旅游节，利用节会效应，展示白马人"池歌昼""火拳舞"等特色民俗文化，带动周边旅游发展。福建宁德以中国农民丰收节为契机，组织开展畲族生产性非遗展示、农民画家畲族风情油画展、畲族服装展、少数民族群众对歌和民俗表演等一系列丰富多彩的庆丰收活动，展示了少数民族优秀传统文化保护传承发展的成果，吸引了众多海内外游客。

（五）传承农耕文化有利于丰富人们的精神文化生活，培育文明乡风

根据马斯洛需求层次理论，人有多种需求，人的需求会从低级逐步向高级发展，在满足了空气、水、食物、住所等生理需求后，是安全需求，接着是社交需求，第四层次是尊重需求，最后是自我实现需求。我国学者尹世杰将人类需求横向划分为物质需要和精神文化需要。随着时代的发展和现代文明的进步，人们在追求物质生活层面的幸福之外，对精神层面的追求也越来越高。特别是在城市快节奏的生活压力下，城里人对自然淳朴的乡土文化、淡泊宁静的乡村生活越来越向往。传承农耕文化，有利于人们更多地感知、体验乡村的风土人情，丰富精神文化生活。在浙江临安有句老话"白露到，竹竿摇，满地金，扁担挑"，每年农历白露时节，山民们祭祀天地山神祖宗之后扛着竹竿挑着箩筐，上山开竿采收山核桃。临安山核桃文化节把开竿祭祀的传统仪式搬上了节庆舞台，向当代人展示了传统农俗的神圣庄重，拉近了传统乡土文化与当代人的距离，加强了当地人的文化认同感。同时，传统农耕文化蕴含父慈子孝、兄友弟恭、尊老爱幼、重义轻利等思想，以及勤劳、淳朴、勤俭的生活理念。传承农耕文化，有利于这些优秀的传统道德准则重新回到人们的生活中，培育文明乡风、良好家风、淳朴民风，推动乡村文化振兴，建设邻里守望、诚信重礼、勤俭节约的文明乡村。

四、传承农耕文化的主要方式

我国是一个历史悠久的文明古国，农耕文化是中华文化、美丽乡村的根与魂。要留住我们的根与魂，就要多方式、多渠道地传承农耕文化。2017年1月，中共中央办公厅、国务院办公厅印发的《关于实施中华优秀传统文化传承发展工程的意见》中提出，大力发展文化旅游，充分利用历史文化资源优势，

规划设计推出一批专题研学旅游线路，引导游客在文化旅游中感知中华文化。2019年6月，中共中央办公厅、国务院办公厅印发《关于加强和改进乡村治理的指导意见》，强调传承发展提升农村优秀传统文化，加强传统村落保护。

（一）挖掘整理农耕文化

充分挖掘农耕文化，开展农业生产生活民风民俗的调查搜集工作，对节气夏历、祭祀礼仪、诗词谚语、民歌民谣、神话传说等与农事、农耕有关的各类礼仪、民俗风情、传统习惯进行溯源与整理，通过出版典籍、树碑刻字等方式将农耕文化传承下去，留住"乡愁"记忆。如陕西省西乡县五丰社区，通过采访熟知当地风俗习惯和人文历史的老人，对五丰农耕历史、风俗、传说典故等进行系统挖掘，整理出《话五丰》典籍，编写了快板《夸夸咱的五丰》，为传承农耕文化留下了宝贵财富。黑龙江省辞赋家王泽生先生主动搜集整理呼兰河谚语，编写了《呼兰河民谚小词典》，为传承寒地黑土农耕文化贡献了一己之力。甘肃省文县组织专家学者整理出版了6册白马文化研究系列丛书，编辑出版了《文县白马人》《文县白马藏族考》《白马人民俗文化图录》等白马民俗文化非遗成果专著，收集翻译白马语言文字8 000余字，拍摄白马服饰工艺8种、白马舞蹈12支，记录白马传说故事10段，围绕白马民俗文化、琵琶弹唱、玉垒花灯戏、洋汤号子等文化品牌，组建各种民俗文化表演队30余支，用原汁原味的表演，演绎优秀文化遗产。

专栏5-1　印迹乡村文化工程

"印迹乡村文化工程"简称"印迹乡村"，旨在打造一个全民共享的乡村文化数字公共服务云平台，集公益数字文化档案馆建设、基于乡情的文旅活动、乡村文化创意开发等于一体，促进地缘乡村文化交流，增强城乡互动，引导社会各界人士投身乡村文化建设，建设一个可持续性的乡村赋能平台，带动乡村文化旅游发展，加快乡村产业转型升级，以乡村文化建设服务乡村全面振兴。

（一）相关背景

2018年9月，中共中央　国务院印发《乡村振兴战略规划（2018-2022年）》，明确要求：引导企业家、文化工作者、退休人员、文化志愿者等投身乡村文化建设；实施乡村经济社会变迁物证征藏工程，鼓励乡村史志修编；推动乡村文化、旅游与其他产业深度融合、创新发展；搭建全社会参与平台、营造良好社会氛围。2019年5月，中共中央办公厅国务院办公厅印发《数字乡村发展战略纲要》提出繁荣发展乡村网络文化，要求推进乡村优秀文化资源数字化，建立历史文化名镇、名村和传统村落"数字文物资源库""数字博物馆"，加强农村优秀传统文化的保护与传承；以"互联网＋中华文明"行动计划为抓手，推进文物数字资源进乡村；开展重要农业文化遗产网络展览，大力宣传中华优秀农耕文化。

（二）项目思路

在国家政策背景下，2019 年 5 月，全国科技振兴城市经济研究会、中国气象局影视中心、北京文化发展基金会、山东省土地发展集团、尚浓智库联合发起实施"印迹乡村文化工程"。通过建设"印迹乡村档案馆"，为个人和机构提供乡愁文化资料在线存储空间，搭建地缘乡村文化交流和大数据服务平台；挖掘乡愁文化内涵，组织"印迹乡村之旅"活动，引导城市居民关心、关注、支持乡村建设；实施"印迹乡村发现"计划，组织乡村文化创意大赛，挖掘乡村文化产业价值，赋能传统产业转型升级，着力营造全社会参与乡村振兴的社会氛围。

（三）工程主要内容

1. 印迹乡村档案馆建设。建设一个基于乡情文化的公共服务云平台，为个人和机构提供永久免费的"乡愁"档案存储、分享、交流的空间。所存储的与乡村有关的资料，称之为"印迹乡村档案"。

——个人乡愁档案。个人开设档案账户，存储自己所珍视的与乡村相关联的资料。档案的形式为"图片＋说明"。"说明"可以采用文字、音频或视频。档案的内容包括人物、实物或事件。档案地域范围可以是家乡，也可以是游客接触的其他乡村。

——数字乡村博物馆。农业博物馆、民俗馆、村史馆等各类乡村博物馆开设账户，将馆藏资料数字化，通过互联网向公众开放。

——村庄（档案）主页。由村庄管理维护的社群主页，主要功能有：（1）介绍村庄的基本情况，包括历史、特色文化、物产等；（2）发布村庄新面貌，包括乡村建设项目新进展、重要活动等；（3）村庄社群交流，村集体、村民、原住民、根住民、游客等互动交流；（4）村史志资料收集，发动村庄社群成员收集村庄史志资料。

——乡村文化数据挖掘。利用大数据技术和人工智能技术，发掘个人和机构档案中具有重要社会价值的文物和资料，为乡村文化的保护与传承提供技术支撑，为乡村社会文化变迁提供研究资料。

2. 组织"印迹乡村之旅"活动。在村庄线上社群交流的基础上，推动在外游子与家乡的线下交流互动，为乡村文化振兴和人才振兴注入原生力量。

——"梦回乡村"记忆之旅。举办来自乡村的城市居民参加的文化活动，通过讲述乡愁故事、与乡人远程互动、介绍家乡建设新面貌，唤起大家对家乡的向往。

——"回乡看看"亲情之旅。组织从家乡出来的游子回乡看看，促进与家乡亲朋沟通、与村集体交流，激发大家振兴家乡的情怀。

——"助力乡村"振兴之旅。组织有投资家乡建设意愿的人士与家乡对接，助力乡村建设。

3. 实施"印迹乡村发现计划"。发现乡村文化的产业价值，采用"连锁的本地化"策略，赋予传统产业新的发展能量。

——印迹乡村文化创意大赛。组织全国性的乡村文化创意大赛，发现乡村文化资源的产业价值，评选具有乡村文化元素的优秀创意产品、服务和商业模式，促进乡村文化创新创业。

——"印迹乡村文创＋"。围绕消费者的衣食住行，采取"印迹乡村"IP＋创意策划＋商业模式设计＋产业金融，赋能乡村产业，形成一批连锁的印迹乡村驿站、印迹乡村餐厅、印迹乡村旅游、印迹乡村特色乡村产品等产业。

——印迹乡村文化街区。充分挖掘区域乡村文化特征，在城市打造集印迹乡村档案馆、民宿、餐馆、文创产品体验店、创意工作室、文化活动中心等一体的文化街区。

（四）试点介绍

2019 年 5 月 26 日，印迹乡村文化工程启动会上，尚浓智库与山东省平原县、夏津县、广东省河源市灯塔盆地国家现代农业示范区签订了"印迹乡村文化工程"试点战略合作协议。2019 年 11 月 24 日，作为全国首批示范县之一，山东省平原县举行"印迹乡村平原文化工程"启动仪式。目前工程确定了恩城镇五里庄等 10 个村庄作为项目试点村。通过互联网线上建设互动平台、村庄主页、乡村数字博物馆进行乡村文化资源的展示与线下开展"回乡亲情之旅""印迹平原新乡贤大会"、大学生回乡田野调查、"印迹平原摄影采风"等乡村观光、休闲、度假和体验性旅游活动相结合的方式将平原县优秀乡村文化向全国推广。

后续，"印迹乡村文化工程"将在全国范围内开展试点工作，"如何留住乡愁，怎样传承乡村文化"是目前各地在文化振兴方面亟需解决的一个重要环节。"印迹乡村文化工程"数字乡村文化平台的建立，作为乡村文化振兴的一个有形抓手，可以通过乡情连接加大乡村文化的开放性，建设能够牵动城乡居民乡愁的乡村文化。在线上交流的基础上，号召更多根在家乡、魂在故土的从乡村走出去的新乡贤，可以是退休的文人学者、在外或返乡企业家及海外华人华侨，也可以是返乡创业的大学生以及有一技之长、具有道德情操的普通人。以资源返乡、影响力返乡、技术返乡、智力返乡、资金返乡等方式，吸引和凝聚各方的资源和能人志士来关注家乡、反哺桑梓，引导和发动广大群众积极投身乡村建设，推动故乡再造，发挥他们的引领作用，为乡村文化振兴和人才振兴注入原生力量。

　　资料来源：尚浓智库

（二）场所展示农耕文化

　　建设农耕文化博物馆、展览馆、展览室等文化展示场所，既可以保护散落在民间的传统农耕文物，也可以传承农耕文化精髓。通过展示传统农耕用具，还原农耕生活场景，述说风土人情，可以增加对农耕文化的直观认识。目前，国内已有一些地区建成此类设施。其中既有公立博物馆、展览馆，如内蒙古自治区鄂尔多斯广穊农耕博物馆、黑龙江省拜泉的生态文化博物馆、吉林省梨树东北农耕文化博物馆、河南省许昌中原农耕文化博物馆、湖南省耒阳农耕文化博物馆、江西省南康客家农耕文化博物馆、安徽省石台皖南民俗博物馆、甘肃省庆阳周祖农耕文化展览馆等，也有民营博物馆、展览馆，诸如河南省开封黄河农耕文化博物馆、湖北省孝感农耕民俗文化博物馆、安徽省蚌埠金色农家民俗博物馆、河北省清河农耕文化展览馆等，还有大量在建和待建的博物馆和展览馆。建立农耕文化展示场所不是最终目的，要以这些博物馆、展览馆为依托开展宣传教育，尤其是加强对青少年的教育，促进农耕文化的代际传承。比如甘肃省嘉峪关城市博物馆举办了"传承中华文化——二十四节气知多少"的主题社教活动，组织当地青少年学习"二十四节气"相关知识，并制作"二十四节气"刺绣，促进了"二十四节气"文化的传承。

（三）参与体验农耕文化

　　让心底藏有乡愁、渴望亲近泥土的城市人群体验田园生活、参与农事活动、品尝劳动滋味，通过参与体验，感受乡村生产生活方式，了解背后的历史故事、风俗习惯，享受农耕文化对精神的熏陶。农耕文化作为中华文化的重要组成部分，开发农耕文化旅游资源，也是传承的一种方式。吉林省梨树县蔡家村依托浓厚的历史文化底蕴和区位优势，重视农耕文化传承，以农耕文化为魂，全力打造关东农耕文化乡村，借此发展乡村旅游。江苏省苏州江南农耕文化园，按照"缩小比例的江南水乡，功能丰富的休闲农庄，农耕主题的文化走廊"的设想，设有农耕历史区、土地整理区、江南养殖区、农家休闲区、乡村能源区、江南作坊区、农耕谚语区、农户设施区、十二生肖区等九个农耕文化功能区域，可以让人们切身感受到江南水乡的传统农耕文化。广东省雷州市恒山村以"稻海桑田、石狗守护"为主题，以"观稻海、闻稻香、品晚霞、瞻石狗、体农耕"为主要内容，以"雷文化"为核心，打造了集"耕、食、乐、学、居、艺"为一体的休闲农业旅游区。城里人到这里能以山水为伴、过田园生活，老人到这里能寻找过往的记忆，中年人到这里能寻找乡愁，孩子们到这里能体验并传承农耕文化。江苏省张家港永联村把中国传统文化融入到村民的活动广场中去，《梦溪笔谈》《天工开物》等著作被刻在石板上，这说明，经济越发展，越需要有文化的支撑。四川省达州市通川区建设川东北首家农耕文化亲子乐园，城市的孩子可以来这里亲近大自然，体验农耕文化，感受农村生活，有效促进了城乡青少年的交流互动。

（四）工艺再现农耕文化

农耕文化衍生出许多颇具特色的民间传统手工艺，如刺绣、剪纸、竹编、草编等，体现了人们劳作的智慧和奋发向上的精神。然而，工业化越发展，传统手工艺生存空间越窄，部分工艺甚至面临失传的危险。据调查，我国86％的传统手工艺从业者分布在农村，近七成年收入在2万元以下，近六成尚未找到继承人，近七成受访者对传统手工艺的学习意愿不高。保护这些传统手工艺，让它们融入"一县一业""一乡一业""一村一品"的创立和发展之中，实现品牌化生产，也是农耕文化的传承方式之一。陕西省蓝田县农民丰收节期间邀请了多位民间传统手工艺人现场展示马家打草鞋、蓝田传统剪纸、苦荞面饸饹手工技艺、神仙粉制作技艺、戏曲盔帽手工技艺、刺绣、编织等绝活。山西省昔阳县在农民丰收节中设置了手工艺品展示区，集中展示了太行崖柏、面塑、花灯等手工艺品。中国杭州（临安）山核桃文化节上，每年都有山核桃饰品、挂件等工艺品的工艺展示环节，游客还可以亲自动手DIY，不仅了解了山核桃的加工工艺，而且增加了对山核桃文化的认知。

（五）品牌铸就农耕文化

世界农业强国大都是品牌强国。那些在全球市场风行的强势农产品品牌，比如日本的"松板牛"、法国的AOC葡萄酒、美国的新奇士橙、新西兰的佳沛奇异果，都彰显着其本土文化的精神力量。美国加州吉尔罗伊市依托当地农产品资源，自1979年开始每年7月最后一个周末都会举办为期3天的"吉尔罗伊大蒜节"，截至2019年已成功举办41届。现在大蒜节成为了吉尔罗伊市的城市名片，原本名不见经传的小镇因为大蒜节而为世人所知，城市影响力大大提升，"世界大蒜之都"的品牌文化享誉世界。近年来，我国大力实施品牌强农战略，把品牌建设摆上重要位置。农产品是农耕文化传承的天然载体，以区域特色农产品品牌为依托，调动一切与该品牌相关的品牌历史、风俗流传、传统技艺、特有仪式、农事习俗等相关农耕文化资源，精心组织设计品牌营销宣传，打造叫得响的农业品牌、传得开的品牌文化，既是传承农耕文化、扩大农耕文化影响力的重要方式，也是丰富品牌内核、提升品牌价值的重要渠道。比如北京市大兴庞各庄镇根据当地 600 多年的西瓜种植历史，打造西瓜文化创意产业园，包括国内外文化产品展示、激光表演、典当拍卖、旅游观光等，以西瓜精品文化传承为媒介，以文化产业的方式，通过西瓜文化传承产品展出、非遗文化交流、网络教育培训、新闻发布、影视拍摄、制作直播、艺术交流讲述庞各庄西瓜六百年前从海外传到中国再传到庞各庄的故事，既丰富了庞各庄西瓜的品牌内涵，又传承延续了当地西瓜历史文化。

（六）节日活跃农耕文化

党的十八大以来，以习近平同志为核心的党中央高度重视三农工作。2018年，在脱贫攻坚的关键时期、全面建成小康社会的决胜阶段、实施乡村振兴战略的开局之年，中央决定，将每年农历秋分设立为"中国农民丰收节"，顺应新时代的新要求、新期待，不仅增加了农民群众的获得感和幸福感，也强化了他们的责任感和使命感，真正汇聚起了脱贫攻坚、全面建成小康社会、实施乡村振兴战略、加快推进农业农村现代化的磅礴力量。"农民丰收节"的设立，不仅具有当代意义，其文化传承意味更加浓厚。全国人民都可以节为媒，释放情感、传承文化、寻找归属，汇聚人民对那座山、那片水、那块田的情感寄托，从而享受农耕文化的精神熏陶。穰穰满家，丰收后的农民分外欣喜。这样的喜悦需要全国人民共同分享，把幸福通过节日传遍千家万户。通过"中国农民丰收节"，组织亿万农民庆丰收、成果展示晒丰收、社会各界话丰收、全民参与享丰收、电商促销促丰收，将各具特色的活动聚集在庆祝期间。目前，已经举办了三届，成为中国乡村的文化符号。农业农村部牵头组成中国农民丰收节组织指导委员会，进行顶层设计，在全国层面会举办一些活动，但更多的是在地方，各个地方有自己的农事特色，无论是农耕生产方式还是农产品品类，都有自己的特点，各地要形成一批民俗活动、观花赏景、采摘体验、农业嘉年华等知名品牌。

Chapter **第六章**
淡水渔文化传承的路径

　　民以食为天，渔耕食之源。中国是世界上淡水总面积最大、淡水渔业最发达的国家之一，淡水总面积超过 1 700 万公顷，其中可供养鱼的水面超过 500 万公顷。同时我国还是全球淡水鱼养殖最早的国家，2 400 多年前的春秋战国时期，范蠡就写出了世界第一部养鱼专著《养鱼经》。在养鱼、捕鱼、食鱼等生产实践和消费过程中，勤劳、勇敢、智慧的中国人民掌握了渔猎等复杂的生产技能，逐渐创造出了丰富灿烂的淡水渔文化。在漫长的历史长河中，中国淡水渔文化不断发展演进，内容逐渐丰富，涉及宗教和祭祀、历法和制度、生产和科技、生活和习俗等方方面面，不仅渗透在以渔为生的渔民的生产生活中，也极大地影响了中国人的社会生活，并代代积累传承，直到今日。

　　党的十九大报告明确指出："中国特色社会主义进入新时代，我国社会主要矛盾已经转化为人民日益增长的美好生活需要和不平衡不充分的发展之间的矛盾。"人民的美好生活需要包含丰富的内容，美好的精神生活需要也是一个重要方面，而丰富多彩的淡水渔文化是满足人民美好精神生活需要的重要内容。在水产品极大丰富并满足了人们的物质需求之后，充分挖掘、利用、传承文化元素，既是弘扬中华优秀传统文化的需要，也是我国淡水渔业转型升级的需要，更是丰富人们精神家园的需要。

一、我国淡水渔文化的地位

　　我国是渔业大国，渔业文化资源丰富。淡水渔业在渔业历史的长河中不断发展演化，创造出灿烂多姿的淡水渔文化，在中华传统文化中拥有一席之地。

（一）我国淡水渔文化是人类文化的宝贵遗产

　　渔业发展史成就了人类发展史，衣食住行各个方面都有渔文化的影子。距今约 7000 年的河姆渡居民的采集和渔猎经济比较发达，遗址出土了大量的鱼类遗骨和骨簇、骨哨、木矛、石丸、陶丸等渔猎工具，以及圆雕木鱼、陶塑鱼等工艺品。公元前 5000 年至公元前 4000 年间的马家滨文化遗址也显示出渔猎经济的重要性。殷墟是我国商朝后期的都城遗址，位于河南省安阳市，因出土大量的甲骨文和青铜器而驰名中外。在殷墟的发掘中，有 20 多座灰坑中发现了鱼的残骸，鉴定为鲻鱼、黄颡鱼、鲤鱼、青鱼、草鱼和赤眼鳟，属庖厨的弃物。在殷墟发掘的整百座中、小型墓葬中，有 17 座墓中随葬有鱼。殷墟出土的甲骨文中，有"渔"和"鱼"两字之分，"鱼"字描绘鱼的形态，而"渔"字则有双手拉网捕鱼和手持竿钓鱼的画面。甲骨卜辞中也多次出现商王"在圃鱼"的刻辞及商王卜问鱼生长情况和有无灾祸的卜辞，说明在商代晚期已出现了专供商王捕鱼的人工养鱼池。这些遗址文物足以证明我国淡水渔文化历史悠久。淡水渔文化见证了人类文明的进步，为人类提供了强有力的思想和精神动力，成为推动经济、社会发展的重要力量，是人类文化的宝贵遗产。

（二）我国淡水渔文化是农业文化的重要组成部分

中国以农立国，拥有悠久的农业历史，渔耕牧猎是我们祖辈世世代代谋食求生的基本技能，我们的文化也在这片土地上生发出来。淡水渔业从公元前五世纪的范蠡养鲤鱼算起，已经历了二千多年的沧桑，一直以不断拓展的势头雄居世界之首。从捕捞、养殖、食鱼发展到观赏、书写、绘画、音乐、舞蹈等，渐渐形成丰富多彩的淡水渔文化。在当今的中华大地上，由南到北，从东到西，淡水渔文化千姿百态、绚丽多彩，如福建省浦源的鱼溪鱼冢、江西省鄱阳湖的渔鼓鱼灯、湖南省汉寿的鱼龙全、太湖渔家的献头鱼、新安江"九姓渔民"的抛新娘、浙江省温岭的大奏鼓、白洋淀渔家的船轿迎亲、西藏自治区俊巴渔村的牛皮船舞……可以说，我国的淡水渔业无论是在国内或世界的农业产业中，都具有重要地位，发挥了巨大作用，衍生出来的淡水渔文化也成为农业文化的重要组成内容。目前，我国的哈尼梯田稻渔系统、湖州桑基鱼塘系统都已经被认定为世界农业文化遗产。

（三）我国淡水渔文化具有传承价值和多元功能

从古到今，我国淡水渔文化经历了几千年的沧桑巨变，既有深远的历史积淀，又有兼收并蓄的时代特色，拥有丰富的文化多样性，具有重要的传承价值和多元化功能。比如春秋时期范蠡的《养鱼经》作为水产养殖文化的结晶，指导着几千年来的水产养殖业的发展，呈现出显著的经济功能；丰富多彩的垂钓文化、观赏鱼文化，激发着我国休闲渔业的长足发展，呈现出潜力巨大的旅游功能；祖先创造的桑基鱼塘、稻鱼共生、水域立体养殖等渔业生产技术，体现出古人对水域资源的充分开发和利用的聪明才智；与鱼共生、不竭泽而渔等人与自然和谐相处的理念，支撑着渔业走上可持续发展道路，呈现出不可估量的生态功能。诸多以渔为生的民族都有自己的渔文化，如哈尼族的梯田稻渔综合种养、赫哲族的鱼皮服、苗族的杀鱼节、高山族的渔祭节、白族的渔潭会、满族的鱼图腾、维吾尔族的鱼生肖、黎族的鱼茶、侗族人的酸鱼席、布朗族的卵石鱼汤等。这些渔文化具有鲜明的民族特色和风格，是维系民族生存和发展的精神纽带。传承好民族特色和包括渔业文化遗产在内的我国淡水渔文化，有利于增强民族凝聚力，提高世界其他民族对中华民族传统文化的认同感。

二、我国淡水渔文化的内涵与价值

淡水渔文化经多年发展，自成体系，内涵丰富。学术界对淡水渔文化内涵的界定尚不统一。有的学者从产业文化角度理解，将淡水渔文化等同于渔业文化，认为两者基本同义，是在淡水渔业发展过程中积累起来的、受到淡水渔业影响所创造的文化总称，包括与淡水渔业相关的物质、行为和精神方面的文化现象。有的学者将淡水渔文化囊括进渔文化，并从广义上加以界定，认为渔文化是人类在渔业活动中所创造出来的人与经济水生生物、人与渔业、人与人之间各种有形无形的具有流转性和传承性的物质文化、非物质文化及制度文化的成果总和，既包括地表遗留痕迹，又包括各种文学、艺术、民间工艺，还包括渔民长年累月积淀而成的特定风俗习惯、生活方式及其价值追求等。还有的学者从哲学视角理解渔文化，认为它蕴含着"与鱼共生""人海和谐"的思想内涵。即便如此，大家却都公认，淡水渔文化不仅具有显著的经济价值，还具有不可估量的观赏与审美价值、文学艺术价值、科研价值和社会价值。

（一）从金鱼到锦鲤、观赏鲤鱼——观赏与审美价值

我国最早的观赏鱼当属金鱼。金鱼作为观赏鱼养殖和传播与佛教的中国化有着密不可分的关系。由于佛教宣扬放生可使人消除罪孽和代表了向善之心，于是在佛教传入中国后，寺庙及其放生池越来越多。到了唐宋时代，达官显贵家庭饲养红鲫鱼渐渐形成风气，南宋时期出现了专门养殖金鲫鱼的职业，名为"鱼把式"或"鱼儿活"，金鲫鱼养殖的专业化使得原为上流社会所独享的金鱼观赏逐渐开始走向了寻常百姓家。到了明代中期，稳定的社会环境和繁荣的经济使得金鱼养殖繁殖和鉴赏上升为理论。民国期间金鱼养殖起起落落，抗战胜利时仅有约 40 个品种。到了新中国成立以后，金鱼品种大为增加，1958 年已经有 154 种，截至现在已经有 300 多种，成为一个数十亿元的大产业，每年有金鱼选美活动数十场，金鱼养殖者数百万人。金鱼被广泛应用于年画、雕刻、刺绣、彩绘等各类工艺，文化艺术形态从一个侧面反映了人们高雅的审美情趣和文化追求。

中国是鲤鱼的故乡，但现代锦鲤起源于日本。1889 年日本人培育出红白锦鲤，到 1914 年，日本已经有 27 种颜色的锦鲤。而今，锦鲤品种达到 100 多个。我国虽然不是现代锦鲤培育的国家，但是在长期的渔业育种工作中也培育

出了中华彩鲤、兴国红鲤、荷包红鲤、玻璃红鲤、瓯江彩鲤、龙州镜鲤等观赏鲤。养殖锦鲤能怡情养性，美化环境，而且只要具备正确的鉴赏眼光和饲养方法，中小锦鲤还可以保值增值。那些具有匀称健硕体型、清晰艳丽色质、匀称合理花纹、优美顺畅泳姿的锦鲤更是价值连城。2010 年 9 月 30 日，北京朝阳公园首次举办了观赏鱼大赛，福州金鱼协会的"兰寿"与北京红运锦鲤养殖中心的"白写"分别摘取了金鱼组、锦鲤组的冠军。在随后举行的观赏鱼拍卖会上，这尾"白写"拍出了全场最高价 120 万元，足以看出这些鱼类的观赏与审美价值。

总之，现代观赏鱼以其艳丽体色、奇特体态、多样习性而受到人们的喜爱。目前，世界鱼类有 5 万种左右，其中有观赏价值的约为 1 000～2 000 种，利用普遍的则在 500 种左右，且绝大部分是淡水鱼类，我国观赏鱼有 250 多种，大多是经过人工长期培育创造出来的，蕴含着丰富的历史文化信息。饲养这些鱼类，不仅给人们带来美好的视觉享受和愉悦的心情体验，还传达出美学理念和审美价值。

（二）从《诗经》、远古鱼纹到绘画、民歌和文艺创作——文学艺术价值

淡水鱼类的文学艺术价值与多种文化艺术形态有着密切的联系。一是鱼类与文学创作。在公元前春秋战国时代的《诗经》中，对养殖鲤鱼已有较多的阐述和记载，出现鱼字和鱼名的地方约有三十余处，涉及的鱼名有鲂、鳢、鲔等十二种，关于咏鱼的诗篇，有描述当时捕鱼方法的，也有表达鱼在人们生产生活中诸多作用的。唐诗中关于鱼的诗歌有近三千多首。自北宋诗人苏舜钦和苏东坡在诗词中涉及到金鱼以后，随着蓄养金鱼的普及，以金鱼为艺术题材的诗词也大量出现，如清代词人陈维崧以词牌《鱼游春水》吟咏金鱼的词即多达三四首，近代鸳鸯蝴蝶派作家周瘦鹃先生曾写了颇富情趣的散文《金鱼话》上下篇来记述他养金鱼的乐趣，现代著名文学家邓拓也有一首七律诗歌咏金鱼。二是鱼类与绘画艺术。从远古鱼纹到绘画创作再到邮票设计，鱼类的文学艺术价值不断得以体现。清末著名画家如天津的梅振瀛、扬州的虚谷等都特别擅长以金鱼入画，近现代绘画大师如齐白石、吴作人、刘奎玲、汪亚尘、赵少昂、凌虚等也都有金鱼绘画传世。赫哲族常常以绘画、雕刻、伏帖等方式将以水波纹、鱼鳞纹、鱼网纹等几何文饰为主的图案形状运用于服装、器皿的装饰上，这些异彩纷呈的图案造型艺术让人们强烈地感受到赫哲族渔文化的韵味。三是鱼类与民歌民谚。我国渔民先辈们在渔业生产生活中创作了许多渔谣、渔歌、渔谚和歇后语等。如赫哲族渔民根据各种鱼类的活动规律和自然季节的变化，将"二十四节气歌"与渔业生产的季节性结合起来，编撰出"立春棒打鱼，惊蛰忙织网"的"捕鱼节气歌"。另外，还有口头说唱文学"伊玛堪"、说胡力

（民间故事）、特伦固（历史故事、民间传说等）、嫁令阔、赫尼哪、白本出、博布力等曲调，也是赫哲族人在捕鱼生产之余触景生情创作的优美动听的曲调。

（三）从鲤鱼到松浦镜鲤、福瑞鲤——科研价值

淡水渔文化的科研价值表现为以下几方面：一是物种价值。从远古鱼种到现代鱼种，鱼类的繁衍更迭产生了巨大的物种价值。世界上已知鱼类约有26 000多种，淡水鱼约有8 600余种。我国现有鱼类近3 000种，其中淡水鱼有1 000余种。英国生物学家、进化论奠基人达尔文在《物种起源》《动物和植物在家养下的变异》等著作中，以中国金鱼为例，证明他的物种进化论学说。二是生物学研究价值。形态特征的多样性和数以百计的品种，使金鱼的变异和遗传蕴含着丰富的科学知识，成为遗传育种和教学研究的重要对象，也是面向青少年进行科普宣传教育的生动教材。我国著名科学家陈桢教授的《金鱼的家化与变异》一书，成为遗传学研究领域中的经典文献；世界著名生物学家林奈在其名著《自然系统》中将中国金鱼作为研究鲫鱼的模式标本。淡水鱼的科研价值一旦转化为经济价值则可以造福于民。国家大宗淡水鱼产业技术体系岗位科学家们持续选育含肉率高、生长速度快、成活率高、适应性强和抗病力强、易垂钓或捕起、人工驯化程度高、养殖经济效益高的新品种，如松浦镜鲤、福瑞鲤等，通过体系推广到各个综合试验站进行养殖，为西北贫瘠大地和西南贫困山区的渔民送去了致富的种子和希望，促进了当地的渔业技术进步。

（四）从渔猎到养殖——社会价值

淡水渔文化的社会价值表现在以下几个方面：一是生产方式转变带来的社会价值。从渔猎到养殖，渔业生产方式发生了转变，渔民的生活方式也随之变化，由此带来渔村的繁荣与发展。鱼类是最早的人工食物，对先民生产领域的开拓、劳动工具的发明及智力的开启与艺术创作的推动，甚至对巫术与原始宗教的发展，都具有十分重要的意义。对自然崇拜的生存观念、游动迁徙的生存方式、合作和分享的平和心态构成了渔猎文化的基本特征，推动了渔业经济的快速发展。根据殷墟出土的甲骨卜辞，证明我国早在殷商末年就开始养殖鱼类，至秦汉时期淡水鱼的养殖已从小型水体的池塘发展到大型水体的湖泊。在当代，淡水渔业发展更为迅猛，以洞庭湖区为例，池塘精养成为当地渔业主要养殖模式，养鱼收入成为当地养殖户主要收入来源，渔业对当地大农业产值的贡献率很高。二是文化资源开发带来的社会影响力。丰富多彩的饮食文化、垂钓文化、观赏鱼文化等促进了我国休闲渔业的长足发展，使渔文化传播速度加快，呈现出潜力巨大的社会影响力以及不可估量的生态价值。以浙江青田稻鱼

共生系统为例,在距今 1 300 多年的唐代,青田即有稻田养鱼,但长期以来都是人放天养为主。20 世纪 50 年代青田县鼓励农民饲养田鱼,但仍以自然养殖为主。直到农村实行家庭联产承包责任制以后,当地的田鱼饲养才在单产、面积等方面有了大的提高。2002 年,联合国粮食及农业组织(简称粮农组织或FAO)发起全球重要农业文化遗产保护项目后,我国科学家与 FAO 保持密切联系,国内外专家学者多次实地考察,2005 年被 FAO 列为首批"全球重要农业文化遗产",青田稻鱼共生系统由此蜚声世界,每年都有数万名游客前来参观,当地农民群众因此受益,而与青田稻鱼共生系统伴生的山水风光、特色建筑、传统村落古建等也一并焕发出新的光彩。三是增进友谊和国际交流。鱼类是和平、幸福、美好、富足的象征。古代贤达之人有以干鱼作为贺诞礼物的传统,彰显了君子之交淡如水的美德。唐代盛行"鱼符""鱼袋"制度,是鱼文化在政治制度层面的体现。在国际交往中,鱼类还起到友好和平使者的作用,如 1976 年墨西哥把稀有的盲鱼作为贵重礼物赠送给北京动物园;1997 年日本则把经挑选的最珍贵的锦鲤作为礼品送给我国政府。

三、淡水渔文化传承的路径

中国地域辽阔,本身就是一个巨大的文化宝库,淡水渔文化在文化、信仰、艺术、社会组织等方面具有传承价值。然而在工业化、城市化以及外来文化的不断冲击下,淡水渔文化濒临流失,甚至有消亡的危险。应以更加积极的态度、更加长远的眼光,把淡水渔文化传承与乡村振兴紧密结合起来,让淡水渔文化在新时代展现新的魅力,获得新的发展,实现活态传承。

(一)深入开展研究

理论研究是文化传承的重要方式。中国淡水渔产业十分发达,但淡水渔文化的研究却比较薄弱。虽然历代一直有关于渔文化方面研究,涉及渔文化的内涵与价值、食鱼文化、渔民与渔村文化、渔文化的保护与开发等方面,但研究内容多集中于整体渔文化或海洋渔文化,专门针对淡水渔文化的研究很少,研究成果有限。中国淡水渔业发展历史悠久,现阶段淡水渔业村、淡水渔业人口、从业人员、传统渔民的数量以及产值均多于海洋渔业。深入开展淡水渔文化研究,对后人了解淡水渔文化有重要参考价值,研究空间巨大,意义深远。今后一段时期,淡水渔文化的研究可以从以下方面深入:一是淡水渔文化变迁研究。文化的变迁有其自然规律和历史规律,如何把握淡水渔文化发展变化的理性规律,需要从更长的历史视角、更宽广的全球视野来进行系统研究。二是淡水渔文化对产业发展影响研究。在大力弘扬中华传统文化、全面实施乡村振兴战略的背景下,如何挖掘淡水渔文化元素价值,让其转化为生产力、产生效益,助力乡村振兴，值得研究。尤其是将淡水渔文化保护传承与农村一二三产业融合发展如何有机结合，探索具有文化内涵的三产融合发展模式，以文化打造产品品牌、提升产业核心竞争力，可能是未来研究重点之一。三是国外渔文化发展研究。淡水渔文化研究要有国际视野。许多国家和地区对渔业十分重视，如印度、日本、泰国、菲律宾等国的渔文化也有其发展和演变规律。从国外渔文化发展研究中找出国外渔文化发展的特点，从中找出保护和传承中国淡水渔文化可以借鉴的经验。

（二）充分挖掘整理

我国各地淡水渔村、渔民、渔船等大都保留了丰富多彩的渔文化，如船俗文化、婚俗文化、节俗文化、食俗文化以及渔具渔法、渔服渔饰、渔谚渔歌、渔事渔会等。随着淡水渔区、渔村、渔民生活现代化进程的加快，传统渔文化受到较大冲击，有的甚至已经消失。传承淡水渔文化，应充分挖掘淡水渔文化，全面系统普查，摸清家底。对祭祀礼仪、诗词谚语、民歌民谣、神话传说等与淡水渔业生产生活有关的各类礼仪、民俗风情、传统习惯等进行溯源与整理，以出版典籍、树碑刻字、技艺传承等方式将淡水渔文化保护、传承下去，留住"乡愁"记忆。如象山渔文化研究会整理出版了《象山妈祖文化述略》《中国渔业第一村——象山石浦东门岛》《象山渔乡民间故事》《中国渔文化论文集》等书籍；象山渔文化书画院邀请全国90余名篆刻名家集体创作，以渔文化为创作内容，并选出了其中近百方佳作编印《中国渔文化印谱》。黑龙江省同江县街津口赫哲族乡渔业村依托伊玛堪艺术团，对原生态渔文化进行挖掘传承和保护，培育出国家级非物质文化遗产传承人1名、省级各类传承人6名。贵州省福泉市仙桥乡王卡"杀鱼节"2006年被列为贵州省级非物质文化遗产保护名录，整个活动分为：传米、做鱼药、放药、擒鱼、吃鱼饭等六个环节，节日带有浓厚的原始群居守猎的生活遗风。

（三）加强展示体验

建设渔猎文化博物馆、展览馆、展览室等文化展示场所，既可以保护散落在民间的传统渔猎文物，也可以传承渔文化精髓。通过展示传统渔猎用具，还原渔民生活场景，述说风土人情，可以增加对渔文化的直观认识。可以把展示场所打造成多元化的传承培训基地和体验中心，既有民俗文化的产业集群，又有民俗文化的展示表演，更有民俗文化的研究、传承与培训。定期不定期举办一些活动，吸引青少年前来学习培训，获得文化熏陶；推动各种文化交流，吸引各地民间艺术家前来交流学习，获得文化启迪；把文化传承与体验结合起来，以妙趣横生的方式让人们体验传统渔猎生活方式，感受传统渔猎文化的独特韵味，加深对渔文化的认识与了解。浙江省遂昌县焦滩乡焦石娄村着力打造"渔文化长廊"，建成后不仅能成为当地渔文化展示的场所，还能成为村民休闲好去处。浙江省青田县高市乡石门渔村摆放"渔文化"雕像，在进一步展现渔文化的同时，丰富了乡村旅游的景观文化。中国非物质文化遗产保护中心利用数字技术全面、真实、系统地记录非物质文化遗产代表性项目的相关情况，生成文、图、音、视、三维动画等多类型的数字资源成果，建立相关数据库，设立了中国非物质文化遗产数字博物馆，在网上展示非物质文化遗产，既节省了成本，还避免了丢失，这种方式也值得借鉴。

专栏 6-1　博物馆助力体验式传承——吉林省松原查干湖渔猎文化博物馆

查干湖位于吉林省松原市，这里有"中国北方最后的渔猎部落"，有经过一万多年厚重历史积淀的渔猎文化，形成了个性鲜明、古老神奇的魅力。2011 年 7 月，这里落成了我国惟——座以渔猎文化为主题、集文物收藏、展览、文化研究、开发于一体的现代化博物馆——渔猎文化博物馆（全名：查干湖渔猎文化博物馆暨查干湖国家级自然保护区博物馆）。

（一）发展历史

渔猎文化博物馆是查干旅游经济开发区、查干湖国家级自然保护区管理局、查干湖渔场于 2008 年 7 月共同开发建设的。这座标志性建筑从创意、策划到设计、施工，历时 4 年。该项目基建、装修装饰及布展共投资 5 000 万元，占地面积 1.5 万平方米，建筑面积 4 440 平方米，展厅面积 3 000 平方米。

（二）建筑布局

博物馆位于查干湖畔的沼泽湿地中，建筑的整体外饰采用拟木形式饰面，局部侧壁采用锈石贴面，保证了湖中建筑物不受腐蚀侵害。建筑创意是一艘巨大的荡漾于芦苇丛中的木筏，外形采用的是古代渔猎活动常用的木架窝棚造型，仿土木建筑结构。墙面镶嵌着鱼骨、贝壳等化石造型，加上冰镩、渔网围栏，广场上形态各异的查干淖尔渔夫雕像，让人感受到了浓郁的渔猎文化气息。

（三）建馆意义

渔猎活动是人类原始时期的主要生活方式之一。查干湖及松花江沿岸的青山头红石砬子等大量的出土文物和文化遗址证明，旧石器时代就有人类在查干湖畔繁衍生息。从传说中的肃慎、东胡、秽貊三大部落到夫余、渤海时期，查干湖畔的先民们依然以渔猎为主要生活方式。得天独厚的自然资源环境，使这种原始、古老的生活方式一直延续了1000多年，直到辽金时期，随着北方地区的游牧文化、渔猎文化与中原农耕文化的日益交流与融合，查干湖渔文化才逐渐发展。从辽代至元代，皇帝每年春天都要带领群臣、嫔妃来到查干湖进行"春捺钵"，在湖畔举行盛大的祭湖仪式，凿冰捕鱼，设"头鱼宴"款待群臣使节。相传成吉思汗率蒙古铁骑攻占金国重镇塔虎城后，来到湖畔青山头，面对查干湖亲奉九种礼贡焚香祭拜，并将查干湖水称为"圣水"。至明、清时期，查干湖的渔猎活动已经空前繁盛。查干湖渔猎文化博物馆完整地展示了查干湖一万多年的渔猎历史，生动地展现了查干湖的自然资源、自然历史，并依其文化的同源性，对世界的渔猎文化和中国南、北方的渔猎文化加以总结概括，成为查干湖、中国乃至世界渔猎文化的永恒见证。

资料来源：笔者根据博物馆网络相关资料整理。

（四）文旅融合推进

合理开发淡水渔文化资源，推动其产业化发展，可以更好地发挥渔文化资源的精神价值、艺术价值和经济价值，也是传承的一种方式。如内蒙古巴彦淖尔市磴口县立足当地丰富的湖泊湿地资源，深挖渔区拥有的具有浓厚地方特色的传统历史文化和各种人文遗存，整合渔村、渔具、渔船、渔场、渔汛、渔灯、渔歌、渔曲、渔鼓等原生态文化资源，将渔文化元素融合旅游业的发展中，集中精力打造集休闲、食用、科普、观赏等功能于一体的休闲渔业旅游新模式，通过举办全国沙漠垂钓大赛，开展特色水产品展示、沙漠鱼王评选、千人摸鱼大赛、冬捕、冬钓、巧媳妇黄河开河鱼烹饪大赛等休闲渔业旅游节庆活动，满足了现代人寻根问祖、返璞归真等体验需求，大幅提高了知名度。目前磴口县已建成纳林湖、金马湖、万泉湖3处大型休闲渔业基地和休闲生态鱼庄30余处，总水面10万亩的奈伦湖正在建设休闲渔业基地，围绕"以渔兴业"的三盛公黄河风情小镇、金马湖渔村也在加快建设当中，"渔业＋旅游"的模式成为农牧民致富增收的新途径。

专栏6-2 挖掘渔耕文化 打造乡村旅游精品

江西有"鱼米之乡"之称，素以大米为主食、鱼肉为副食，而鄱阳湖区的万年县和鄱阳县更是"饭稻羹鱼"的典型代表。"鹅湖山下稻粱肥""家家扶得醉人归""稻花香里说丰年，听取蛙声一片"，就是这一带农家生活的真实写照。深入挖掘和充分利用鄱阳湖区域丰厚的渔耕文化资源，打造渔耕文化旅游特品，对于江西传承悠久的赣鄱稻作渔业文化，丰富乡村旅游产品，提升文化旅游品位，促进文化旅游产业以及区域经济的发展，都具有重要意义。

（一）资源优势

1. 历史悠久，影响世界。鄱阳湖区的万年县，万年前就开始了饭稻羹鱼的农耕生活，是世界上第一颗稻谷诞生地。在万年仙人洞和吊桶环遗址上，发现了距今1.2万年前的栽培水稻植硅石，把世界栽培水稻的历史推前了5000年，被国际农业考古证实，是世界稻作起源中心和发源地。2010年，"万年稻作文化系统"被联合国粮农组织列入全球重要农业文化遗产，确定为全球重要农业文化遗产保护项目试点。有着2200多年历史的鄱阳县百姓沿湖而居，以湖为家，尊湖为母，捕鱼为生，用质朴厚道的生产生活方式，保护了一湖清水。

2. 产品繁多，出类拔萃。具有丰富的生物多样性的赣鄱平原，带给世人的是琳琅满目的农副业产品、手工艺品、美味佳肴和精湛独特的稻作、养殖技艺。其中万年珍珠、鄱阳湖水产堪为代表，万年珍珠享"中国珍珠看江西，江西珍珠看万年"之盛誉，鄱阳湖的银鱼、螃蟹等河鲜，种类繁多，品质出众，"绿色、生态、安全、健康"已成为当地水产品的最大特色和亮点。

3. 习俗浓郁，流传万代。千万年来，江西人过着"饭稻羹鱼"的渔耕生活，形成了包括农谚、歌谣、民俗、耕技、捕捞等独具地方特色的渔耕文化，不少习俗仍沿袭不衰，深受百姓喜爱，如农谚、渔歌、春社、跳傩、抬阁、划龙船、闹花灯、渔事礼仪等民间活动。

（二）总体思路

在建设目标上，乘着鄱阳湖生态经济区建设东风，深入挖掘和充分利用鄱阳湖渔耕文化资源，以悠久宏大的稻作遗址、优质丰富的稻作渔业产品、独特精妙的稻粮加工技艺、花样繁多的捕捞工艺、醇厚质朴的渔耕习俗、丰盛美味的农家菜肴为基础，精心开发渔耕文化旅游项目，着力打造集渔耕文化、观光、休闲、娱乐、体验、养生为一体和游、购、娱、吃、住、用相配套的"饭稻羹鱼"美滋美味乡村旅游特品。在空间布局上，着力构建渔耕文化旅游圈。在产品开发上，依托四个载体（稻粮文化博览园、稻作文化自然村、稻作文化节、鄱阳湖渔会），打造五类产品（稻粮风光、稻粮风物、稻粮风情、渔作风物、渔家风韵），并注重将当地百姓生活与旅游活动有机结合起来，营造融合相通的交流环境。当地百姓就是旅游接待者，参与旅游经营和服务，旅游帮助他们提高技艺、改善生活、脱贫致富；旅游者走进的是真正的农家、渔家，体验真实的生活，体味真切的情感，从而满足双方需求，实现当地居民与外来游客的互动共赢。

（三）以鄱阳渔作文化为核心的旅游产品设计

1. 渔作风物：主体为立于湖畔码头之上的鄱阳鱼馆。主要特征为乐观、积极、热闹、节制，精细并举，展览、展演、展示、体验、交易于一体。以渔港或码头为基地，展现渔民由出港起航到收获返航的劳作过程、渔事礼仪，让游客目睹、参与渔民的渔业生产，共同体会期盼、等待、收获的心路历程。通过鱼博物馆，让游客了解当地渔业的古今发展历程，认识各色鱼虾及其繁衍规律，感受鱼类产品，品尝活水煮活鱼的美味佳肴，体味古老文明与现代文明的融合。

2. 渔家风韵：主体为渔家小村。主要特征为生活、体验、漫游于一体，悠闲、自在、愉悦同行。以自然渔村为载体，融旅游于生活，村民既是居住者又是工作者，节庆民俗、饮食民俗渗透于生活，游客在自然状态中感受真实的鄱阳湖渔家风情。这里有休闲时的品茗小唱，有出工前的紧张忙碌，有节庆时的热闹喜庆，有餐饮时的别具一格，有畅谈时的酣畅淋漓；这里是渔家的聚宝盆，也是城里人放松自我、回归自然、寻求自在的闲逸地。

（四）保障措施

1. 政府主导，政策支持。将发展渔耕文化旅游列入政府工作议程，统一规划、统一布局，在政策、资金、人才引进等方面提供支持和帮助，在体制机制上予以保障，并积极争取鄱阳湖生态经济区建设、文化部门的非遗保护、渔业发展等相关优惠政策。

2. 统一形象，联合营销。渔耕文化旅游应纳入政府的形象宣传范畴，统一标识、统一包装、整体推出。

3. 人才培养，渠道多样。渔耕文化旅游是人才密集型产业，既需要大量一线的熟练技术工，还需要开拓创新的管理人才，引进人才、留住人才、用好人才、提升人才，事关产业的成败。

4. 产业跟进，持续发展。旅游产业的魅力在于不断生成新产品，形成新业态，延伸产业链，渔耕文化旅游亦是如此。应围绕稻米、稻田、鱼虾、湖水做文章，从生活到生产，从粗加工到深加工，从一产到二产、三产，从家庭到市场，形成丰富的稻作、渔业产业链条。

资料来源：喻峰．挖掘渔耕文化打造乡村旅游精品［N］．中国旅游报，2012-8-10（11）．

（五）积极宣传动员

淡水渔文化的传承不是单靠一个组织、一个部门就能完成的事。需要动员全社会的力量才能完成。要通过各种媒介，运用各种方式，大力宣传水产品在人民生活中的地位，特别要面向大中城市的居民，宣传淡水渔文化。通过广泛宣传，不只让渔民，也让城乡居民意识到淡水渔文化的价值，成为文化的自觉者，主动承担起身边遗存物等物质文化、风俗习惯等行为文化以及禁忌信仰等精神文化的传承保护工作。通过广泛宣传，让有能力的民间人士主动承担起淡水渔文化的收集、整理、保护和传承工作。通过广泛宣传，让越来越多的渔村注重对淡水渔文化的保护与传承，把原先遗弃的、认为无价值的，却能够代表淡水渔文化的事物积极收集、保护起来，通过有效形式展示出来，成为历史教育、文化洗礼的有效载体。

重要农业文化遗产保护传承

2002 年，联合国粮农组织（FAO）提出了"全球重要农业文化遗产（Globally Important Agricultural Heritage Systems，简称 GIAHS）"保护倡议，旨在保护传统农业系统的景观、在地知识和文化以及生物多样性，以推动农业可持续发展。中国农耕历史源远流长，劳动人民创造了璀若星辰的农业文化遗产并延续至今。中国政府积极响应粮农组织关于 GIAHS 的保护倡议，率先在全国范围开展农业文化遗产挖掘，在保护与发展方面不断探索实践，提供中国智慧和中国方案，成为 GIAHS 保护的推动者、贡献者和引领者。

一、重要农业文化遗产的内涵与特征

联合国粮农组织对全球重要农业文化遗产的定义是"农村与其所处环境长期协同进化和动态适应下所形成的独特的土地利用系统和农业景观，这种系统与景观具有丰富的生物多样性，而且可以满足当地社会经济与文化发展的需要，有利于促进区域可持续发展"。GIAHS 的认定标准至少满足五个要件：①可以为当地居民提供食物需求与生计安全，②具有生物多样性及重要生态服务功能，③蕴含丰富的本土农耕知识和技术，④拥有文化多样性，在文化、信仰、社会组织等方面具有重要传承价值，⑤具有特色的农业景观和水土资源管理方式。

中国重要农业文化遗产是指人类与其所处环境长期协同发展中，创造并传承至今的独特的农业生产系统，这些系统具有丰富的农业生物多样性、传统知识与技术体系和独特的生态与文化景观等，对我国农业文化传承、农业可持续发展和农业功能拓展具有重要的科学价值和实践意义。重要农业文化遗产具体体现出以下 6 个特征：

一是活态性。这些系统历史悠久，至今仍然具有较强的生产与生态功能，是农民生计保障和乡村和谐发展的重要基础。

二是适应性。这些系统随着自然条件变化、社会经济发展与技术进步，为了满足人类不断增长的生存与发展需要，在系统稳定基础上因地、因时地进行结构与功能的调整，充分体现出人与自然和谐发展的生存智慧。

三是复合性。这些系统不仅包括一般意义上的传统农业知识和技术，还包括那些历史悠久、结构合理的传统农业景观，以及独特的农业生物资源与丰富的生物多样性。

四是战略性。这些系统对于应对经济全球化和全球气候变化，保护生物多样性、生态安全、粮食安全，解决贫困等重大问题以及促进农业可持续发展和农村生态文明建设具有重要的战略意义。

五是多功能性。这些系统或兼具食品保障、原料供给、就业增收、生态保护、观光休闲、文化传承、科学研究等多种功能。

六是濒危性。由于政策与技术原因和社会经济发展的阶段性造成这些系统的变化具有不可逆性，会产生农业生物多样性减少、传统农业技术知识丧失以及农业生态环境退化等方面的风险。

二、重要农业文化遗产保护的现实意义

农业文化遗产蕴含宝贵的传统农业生产技艺和管理知识，丰富的生物多样性、文化多样性和景观多样性。从农业、农村和农民视角，保护和发展农业文化遗产具有重要的现实意义。

（一）有利于传承农耕文明，拓展农业功能

中国传统农业蕴含着资源保护与循环利用、生物间相生相克、人与自然和谐相处的朴素生态观和价值观，传统农业积累的生产技艺和管理知识在现代农业发展中依然具有应用价值。浙江省青田稻田养鱼至今已有1 200多年的历史，稻田养鱼产业依然是青田县农业的主导产业，稻鱼共生模式生态高效，鱼为水稻除草、除虫、耘田松土，水稻为鱼提供小气候、鱼饲料，减少化肥、农药、饲料的投入，鱼和水稻形成和谐共生系统。悠久的田鱼养殖史孕育了灿烂的田鱼文化，青田田鱼与青田民间艺术相结合，派生出了一种独特的民间舞蹈—青田鱼灯舞。

农业不仅具有粮棉油、肉蛋奶等产品生产功能，还具有重要的生态功能和生活功能，如生物多样性保护、水土保持、气候调节、休闲旅游、景观游憩、科学研究、文化传承等。随着工业化和城市化的发展，农业的生态和生活功能的重要性愈加重要。兴化垛田传统农业系统不仅为人们提供油菜等优质产品，兴化人民还利用垛田独特的自然地貌发展休闲观光农业，让居住在城镇的居民体验乡土文化。"河有万湾多碧水，田无一处不黄花"，这一中国油菜花成为享誉全国的新兴旅游亮点。

（二）有利于保护农村生态，建设美丽乡村

地处黄土高原腹地的陕西省佳县，干旱少雨，生态脆弱。枣树不仅是当地农民的重要生计来源，而且在生态保护方面也发挥了重要作用。枣树具有增加

空气湿度，保持水土和养分等生态功能。在黄河沿岸的坡地上，其生物多样性保护、水土保持、水源涵养和防风固沙等方面的生态功能显得尤为重要。

中国美，农村必须美。云南省红河哈尼梯田已有 1 300 多年的耕种历史，森林在上、村寨居中、梯田在下，水系贯穿其中。依山造田，最高垂直跨度 1 500 米、最大坡度 75 度，最大田块 2 828 平方米，最小田块仅 1 平方米，有"人间仙境，世界奇观"之称，法国制片商曾称哈尼梯田为"世界一流的田园风光"。建设美丽乡村，不仅要村容整洁，更重要的是保护农村景观，不让农村成为记忆中的故园。

（三）有利于改善农民生计，实现收入倍增

2013 年，我国农民人均收入实现改革开放以来的首次"十连增"，城乡居民收入比连续 4 年下降，由 2009 年的 3.33∶1 到 2013 年的 3.03∶1，然而缩小城乡居民收入差距的目标压力越来越大。农业文化遗产保护强调"多方参与、惠益共享"的原则，特别是让农民分享农业文化遗产保护与发展的成果。根据多个遗产地的探索实践，适度发展旅游是进行农业文化遗产保护的有效途径，遗产地旅游是一种全球化的趋势，它将相关利益者联系起来，对促进当地社会经济发展起到重要的作用。浙江省青田县龙现村贴上"全球重要农业文化遗产"的标签后，成为世界有名的小山村，龙现村独特的山水文化、田鱼文化、民俗文化、华侨文化吸引了来自世界各地的游客，带动了当地以"农家乐"为主题的生态旅游发展，旅游业收入成为当地居民收入的重要来源。

三、重要农业文化遗产保护进展

从试点探索到系统挖掘，中国在遗产申报、制度设计、保护措施、科学研究、国际交流等方面都做了大量工作，取得了重要进展。

（一）农业文化遗产保护的国家行动

中国政府对农业文化遗产保护给予高度关注，2015 年发布的三份重要政策文件中都提及农业文化遗产。《关于加快转变农业发展方式的意见》中提出"加强重要农业文化遗产发掘和保护"。《深化农村改革综合性实施方案》中指出"加强农村地区的文化遗产保护"。《关于推进农村一二三产业融合发展的指导意见》中强调"合理开发农业文化遗产"。2016—2018 年和 2020 年中央"一号文件"都有关于农业文化遗产保护的内容。从浙江省青田稻鱼共生系统成为首批全球重要农业文化遗产保护试点以来，中国不断在实践中总结经验，为全球提供中国智慧和中国方案。

1. 启动了全国范围的农业文化遗产发掘工作　自 2012 年启动中国重要农

业文化遗产申报工作以来，截至 2020 年 1 月，农业农村部已分五批发布了 118 个中国重要农业文化遗产，并积极向 FAO 推荐和申报 GIAHS。组织开展了全国农业文化遗产普查工作，经过地方推荐、专家论证，共发掘有潜在保护价值的农业生产系统 408 项。并启动了农业文化遗产监测评估工作，出台了全球重要农业文化遗产预备名单。

2. 探索了农业文化遗产保护与管理机制　成立了全球/中国重要农业文化遗产专家委员会，确立了"在发掘中保护，在利用中传承"的指导思想，提出了"动态保护、协调发展、多方参与、利益共享"的保护原则。2015 年，我国发布并实施了《重要农业文化遗产管理办法》，成为第一个出台规范性管理办法的国家。农业文化遗产保护的政策激励机制、产业促进机制、多方参与机制逐步形成。

3. 进行了农业文化遗产的多领域研究　国内多家科研院所和大专院校对农业文化遗产的生态服务功能、历史起源与变迁、农户福祉与减贫效应、保护机制与政策支撑等方面开展了大量研究，初步形成了一支跨学科的研究队伍，发表和出版了一系列科学论文及著作。当前中国在农业文化遗产研究领域的科研论文和著作数量居世界第一。在遗产地也培训出一批致力于农业文化遗产管理、保护和发展的基层队伍，涌现出许多利用遗产资源，带动农民脱贫奔小康的典型。

4. 开展了科普教育和宣传推介工作　在首届农民艺术节、中国农产品国际交流会、中国农耕文化展等进行了农业文化遗产的宣传展示，开展了重要农业文化遗产主题展，组织了中国重要农业文化遗产地农民丰收节庆祝活动，拍摄了《农业遗产的启示》等系列专题片，出版了《中国重要农业文化遗产系列读本》等图书，发布了中国重要农业文化遗产系列科普微动漫。中央及地方多家媒体多次刊发专题、专访和系列报道，社会各界增强了对农业文化遗产的认知度和关注度。

5. 推动了国际合作与交流　中国在资金、人才等方面支持 FAO 开展 GIAHS 保护与推广工作，推动 GIAHS 保护纳入粮农组织常规预算进行支持。积极向世界分享中国经验，先后承办全球重要农业文化遗产国际论坛、高级别培训班等，邀请全球 50 多个国家的官员来华学习交流。中国科学家在全球重要农业文化遗产保护与推动工作中做出了突出贡献。加强了全球重要农业文化遗产的国际交流，如福州市与世界葡萄酒产区法国勃艮第、兴化市与墨西哥市签订了《农业文化遗产合作交流备忘录》。

（二）农业文化遗产保护的地方实践

在地方层面，各地对申报、保护与利用工作高度重视，积极推动保护措施落地，有效促进了区域发展和遗产地农民生活水平的提高，成为农业农村发展的新动能。从地方实践来看可以概括为三个方面：

1. 遗产保护与管理的机制和制度逐步建立 农业文化遗产保护和管理涉及农业农村、自然资源、国土建设、文化旅游等多部门，理顺部门间的职责边界，建立一个有效的管理体制是开展相关工作的重要保障。云南省红河州成立了世界遗产管理局，在元阳、红河、绿春和金平四县成立了梯田管委会或管理局，配备专职人员，拨付专项经费，颁布了《红河哈尼梯田保护管理办法》《云南省红河哈尼族彝族自治州哈尼梯田保护管理条例》及实施办法。内蒙古自治区敖汉旗制定了《敖汉旗全球重要农业文化遗产标识使用与管理办法》。河北省宣化区出台了《宣化传统葡萄保护管理规定》。

2. 传统资源在现代农业中的作用逐步发挥 丰富的生物多样性，尤其是大量宝贵的农业遗产资源是遗产地的巨大财富，合理开发和有效利用传统资源是实现遗产可持续发展的重要途径。贵州省从江侗乡稻鱼鸭复合系统于 2011 年被列入 GIAHS，从江香禾糯米等传统品种的品牌价值显著提升，提高了农民梯田耕种的积极性。内蒙古自治区敖汉旗建立传统杂粮品种保护基地，累计收集农家品种 218 个，并开展试验示范，依托传统小米品种资源优势，实施名牌战略，敖汉小米被批准为国家地理标志保护产品、国家优质米，敖汉小米行销全国 700 余个县，有效带动农民增收、农业增效。

3. 农业文化遗产的多功能价值逐步显现 农业文化遗产具有显著的生产功能、生态功能、社会功能和文化功能等多重功能价值，为开展一二三产业融合发展奠定了良好基础。浙江省青田稻鱼共生系统是中国首个 GIAHS 项目，青田县大力实施"百千万工程"，即每亩百斤鱼、千斤稻、万元收入，一批返乡创业者积极发展种稻养鱼，带动老百姓发展田鱼干加工、渔家乐等，涌现出一批致富示范家庭。云南省红河州当地围绕梯田做产业，在建设 8 万亩红米生产基地，打造"梯田谷雨"等品牌的基础上，大力发展梯田旅游，仅元阳县普高老寨这一个村子就聚集着几十家客栈，每个客栈年纯收入可达十万元以上。

四、重要农业文化遗产保护的困境与问题

中国农业文化遗产保护取得了一定成绩，然而，农业文化遗产巨大的生态、文化、社会和经济价值远没有得到充分挖掘，与自然遗产、文化遗产等遗产相比，农业文化遗产的保护难度更大，与动态保护、适应性管理的要求相比，农业文化遗产的保护水平和管理能力还远远不足。

（一）在内涵理解和保护理念上还存在偏差

有些人将农业文化遗产当成过时的东西，有的将其理解为文化范畴的概念。

例如，通过对哈尼梯田地区农户和管理部门的访谈调查，超过四成的受访者不知晓农业文化遗产的含义及其保护要求。实践中，有些地方过分强调"原汁原味"，忽视了农民提高生活水平的迫切愿望，更多的地方重发展轻保护，只顾"拿牌子"，忘记"给票子"，基础设施等各项投入不足。在各项配套缺乏的情况下，大量游客的进入，可能对遗产地造成生态环境破坏，比如梯田旱化、旅游垃圾等问题。农业文化遗产是一个系统，需要在识别核心保护要素的基础上进行整体保护，个别地方对遗产保护的对象不明确，保护与发展规划流于形式。

（二）在政策支持力度上还远远不够

已认定的重要农业文化遗产覆盖 40 多个刚刚脱贫的国家级贫困县，这些地区基础设施薄弱、人才匮乏，遗产保护的难度很大。农业文化遗产的影响力和扶持力度还远远没有达到自然遗产、文化遗产、非物质文化遗产甚至传统村落的水平，例如，中国传统村落已纳入中央财政支持范围，每个入选的村庄可获得中央财政 300 万的扶持资金，而农业文化遗产还没有中央专项保护资金，这影响了各地对农业文化遗产申报的积极性，地方在农业文化遗产保护的资金投入上也远远不足。从国际经验来看，日本政府于 2015 年将 GIAHS 写进下一个五年规划的国家农业政策，出台补贴或激励措施，如日本佐渡市针对农户采用有益生物多样性培育的传统农耕方式和生态恢复措施给予经济补偿，石川县设立 1 亿美元的里山促进基金。韩国列支预算专门用于农业遗产保护，从 2013 年起分别向每个农业、渔业文化遗产地提供为期 3 年共计 150 万美元和 70 万美元的支持，其中 70％来自中央财政，30％来自地方政府。

（三）在保护与管理的体制机制上还不健全

基层农业文化遗产管理机构缺失，多数遗产地还没有出台保护管理实施细则。产业促进机制不健全，遗产地特色产业规模化、品牌化发展水平不一，有的已形成区域性名牌产品，如福建省安溪铁观音、河北省宣化葡萄等，但是更多产品影响力不足。遗产地农产品加工业、生物资源产业、文化创意产业发展不足，休闲农业和乡村旅游发展层次较低，农业产业链和价值链没有得到充分延伸。多方参与和利益联结机制不完善，农业文化遗产本质上是一个生产系统，农民是农业文化遗产的直接经营者也是保护主体，然而农民从遗产保护与利用中获得和分享的收益还很有限，影响他们参与保护的积极性。

（四）在科学研究和管理人才上还缺乏强力支撑

农业文化遗产是一个复合系统，在科学研究上必然需要多学科的介入。当前在农业文化遗产研究上缺少国家重大项目和各级研究基金支持，前瞻性、综合性、交叉性的研究还不多,如农业文化遗产地的生物多样性维持机制、景观稳定机制、保护与开发的科技支撑体系、发展促进机制等重大科学问题还需开展大量的研究工作。缺乏熟悉农业文化遗产保护与管理要求以及投身遗产保护性开发的复合型管理人才和科技人才。

(五)在国际上还存在激烈竞争

全球重要农业文化遗产的保护理念已得到国际社会的普遍共识和高度关注,例如,日本、韩国等国都积极向粮农组织进行资金援助,支持本国人员在粮农组织任职,承办相关国际活动,争取在规则制定、遗产申报等方面有更多的话语权。中国农耕文明源远流长,目前在全球重要农业文化遗产保护和管理中处于世界领先地位,我国应该在此领域发挥更大的作用。

五、推进重要农业文化遗产保护的对策建议

促进农业文化遗产的科学发展与合理利用,需要将动态保护与适应性管理结合,政府引导与市场机制相结合,农民主体与多方参与相结合,多管齐下,多部门合作,深入推进农业文化遗产可持续发展。

(一)增强动态保护与科学利用的意识和观念

持续开展农业文化遗产的宣传工作,既要消除"只能保护,不能发展"的后顾之忧,又要纠正"以开发之名行破坏之实"的功利主义。继续在中国农民丰收节、各类农博会等节日和展会中开展农业文化遗产宣传和展示,深入推进农业文化遗产进校园、入社区,将农业文化遗产作为传承和弘扬中华优秀传统文化的教育基地和展示窗口。

(二)加强政策创设和资金支持力度

将已认定的中国重要农业文化遗产保护纳入中央财政预算给予稳定扶持,加大遗产地基础设施建设、生态和生物多样性保护、传统知识和文化传承等工作。探索农业文化遗产地生态与文化补偿机制,整合涉及生态保护、产业融合、扶贫开发、全域旅游、民族文化保护等方面的资金和项目。在基础设施、产业开发、品牌建设等方面吸引更多的社会资本投资遗产保护与发展。遗产地要列支保护管理经费和扶持资金,给予开展农业文化遗产保护和利用的单位和个人一定奖励。

(三)完善科学管理与合理利用机制

健全基层农业文化遗产保护与管理机构,确保有稳定的管理人员,并保障

工作经费，指导遗产地制定相关的管理条例和实施办法，开展农业文化遗产监测与评估。把更多的就业和创业机会留给当地居民，鼓励遗产地利用农业文化遗产资源开展增收，支持返乡农民工、"新农人"等在农业文化遗产地开展创业活动，在金融、保险、用地、技术等方面给予一定的支持。发挥传统品种资源优势，培育农业品牌和产品品牌，选择一批有发展潜力的传统手工艺，进行产业化开发，加强旅游基础设施建设，引导农业文化遗产地旅游产业有序发展。

（四）推动科学研究和人才培养工作

在国家重大研发计划等项目中设立关于农业文化遗产研究课题，加强资助力度，鼓励开展跨学科综合研究。建设农业文化遗产研究和示范基地，推动研究成果在遗产地应用，优先在中国重要农业文化遗产地建设研学基地。加强学科建设，设置农业文化遗产本科课程及研究生专业，为社会输送更多的实用人才。加强对基层管理人员的培训，提高对农业文化遗产的保护和管理能力。

（五）强化中国在全球重要农业文化遗产保护中的引领作用

继续支持粮农组织在世界范围内推动农业文化遗产保护，吸引更多的发达国家加入保护行列。支持中国科学家、管理人员在粮农组织等国际组织中发挥更大的作用。协助"一带一路"沿线国家开展农业文化遗产挖掘工作。支持国内农业文化遗产地与国外遗产地开展结对子等交流活动，推动制订《全球重要农业文化遗产保护国际公约》，争取成为国际公约的发起国。

六、案例链接：海南省海口市羊山荔枝种植系统多功能性及可持续开发

海口市羊山地区地处低纬度热带北缘，属于热带海洋性季风气候，是目前我国仅存的原生荔枝林带，也是世界重要的荔枝种质资源库。羊山地区种植荔枝的历史可以追溯到 2000 年前，由于长期以来袭用实生繁殖方式，产生了多样化的变异，形成了世界罕见的野生荔枝母本群，与当地生态和人文环境共同构成了海南海口羊山荔枝种植系统。2017 年，海南海口羊山荔枝种植系统凭借其悠久的传承历史、独特的地域特征以及丰富的农耕文化体系入选中国重要农业文化遗产。

（一）海口羊山地区古荔枝群的多功能性及其作用效果

农业多功能性源于它的自然属性，是指农业在满足人类基本食物生产功能基础上同时具备经济、生态、文化、休闲、科研等多项功能的特性。这一概念

的提出最早可以追溯到 20 世纪 80 年代末和 90 年代初日本提出的"稻米文化"。为保护稻米市场，强化稻米在国民生活中的重要性，日本提出，日本文化与水稻种植关系密切，他们用日本国内多个节日与稻米的密切联系（日本的许多节日和庆典是根据水稻的播种、移植和收获活动确定的）为例，宣传保持日本水稻生产也就保护了日本的"稻米文化"。20 世纪 90 年代初，农业多功能性概念开始出现在联合国的重要文献之中。1992 年联合国环境与发展大会通过了《21 世纪议程》，并将 14 章第 12 个计划（可持续农业和乡村发展）定义为"基于农业多功能特性考虑上的农业政策、规划和综合计划"。在 1996 年的世界粮食首脑会议中，又通过了《世界粮食安全罗马宣言》和《世界粮食首脑会议行动计划》，文件中提出要充分利用农业具备多功能的属性，在一些国家和地区推行可持续性的有关粮食、农业、渔业、林业和乡村发展的政策与实践，以此来对抗虫害、干旱和沙漠化等。如今，随着工业化、城镇化、信息化的加速推进和居民收入水平的持续提升，农业活动与其它社会活动的联系愈加紧密，功能多元化已经成为现代农业系统的主要特征之一。

海口市羊山地区的古荔枝栽培历史悠久，是我国荔枝栽培历史最早的地区之一。2015 年，"永兴荔枝"还成为海口市首个国家地理标志证明商标。该地区的荔枝耕作体系不但传承久远，而且还在充分利用火山遗址的地质地貌的过程中满足了现代生产生活的多方面需求。既深具文化底蕴，又能促进经济发展，还能带来休闲体验，在就业增收、休闲农业、生态安全、科研价值等方面的多功能特征表现明显。

1. 就业增收 一是生产增收。由于羊山地区是火山喷发后形成的熔岩地貌，岩石裸露，缺少表层土壤，不利于种植草本类农作物，但岩缝间的土壤比较适合荔枝等主根发达的木本果树的生长，加上荔枝病虫害少，管理相对容易，经济效益较好，因此成了当地农民的首选作物。2015 年，永兴镇荔枝总产量 310 万公斤，年生产总值 3 720 万元，创收纯利润 2 558 万元；2016 年，琼山区荔枝产量 3 160 万千克，产值可达 4.1 亿元。有当地专家测算，荔枝亩产 500 千克左右，亩产值为 7 000~8 000 元，正常年份利润可以达到 5 000 元/亩。其中一些农户经营规模较大，建起果园，育种和生产兼营，取得较好效益，如海口雷虎果业有限公司总经营面积 200 亩左右，正常年份的年收入可以达到 100 万元以上。二是旅游增收。羊山地区景色秀美，风光独具，可以吸引大量游客，带来旅游经济收入。例如，2014 年 5 月 30 日开展的"走进羊山·感受秀英生态美"旅游月活动，仅半个月时间，就吸引游客 2 万人左右，当地农民通过提供采摘、饮食服务等方式增收明显。同时，农户还可以通过与公司的合作获取收益。羊山地区的农庄主要有四种：第一种是农户自营，农户直接依靠旅游产业增收；第二种是公司买断土地，农户从中获取土地流转收益；

第三种是公司租赁农户土地，农户从中获取土地租金收益；第四种是农户以宅基地入股，农户从中获取分红收益。三是就业增收。农业园和旅游庄园的运营需要雇用当地劳力，带动就业的同时促进增收。例如荔枝园雇佣劳力一般为女性 70～80 元/天、男性 100～150 元/天，到了农忙季节涨到女性 100～150 元/天、男性 150～200 元/天。一亩荔枝所需雇佣的劳动力成本可以达到 1 000 元左右。四是发展新业态增收。近年来，"互联网＋农产品销售"的新模式在羊山地区风生水起，秀英区的石山镇还建起了互联网农业小镇，农民有了新的致富方式。荔枝种植户可以通过电子商务有效扩大销售半径。秀英区永兴镇农民黄时京 2015 年网络销售荔枝近 2 万千克，其中有 80％的订单在 5 月份之前就已经预订完毕，预售价达到了 50 元/千克以上。五是依靠产品差异化增收。羊山是火山喷发形成的特殊土壤地区，富含硒等多种稀有元素，依托富硒卖点，通过网络电商营销渠道，当地农产品价格售价可以高出普通农产品很多，种植户因此受益。例如在淘宝网上，富硒红薯的售价可以高出普通红薯一倍左右。

2. 休闲农业　独特的火山玄武岩景观、优美的生态环境、浓郁的荔枝文化和健康的生态农产品使海口羊山地区具备了得天独厚的休闲旅游资源。其中已经开发并建成的雷琼世界地质公园是我国唯一的热带海岛城市火山群地质公园，也是第一家由联合国教科文组织确认具有突出而重要价值的世界级旅游景区。它于 2004 年被批准为国家地质公园，2006 年被联合国教科文组织批准为"世界地质公园"。

5 万多亩的羊山古荔枝群与当地的生态环境有机结合，同火山岩、湿地、河流、村庄以及现代农耕组成风格独具的农业景观。除此之外，羊山地区还拥有全球唯一一条火山主题的越野自行车赛道以及千年驿道、百年碉堡、火山石器、火山文化、八音山歌、古老民居等特色资源。具备了功能拓展和旅游业发展的基础，适合开展娱乐、采摘、观光、科普教育（荔枝科普和火山科普）等一体化的旅游项目，休闲农业发展前景广阔。

在现实发展中，各级政府和民间投资主体已经对火山口农田耕作系统的休闲功能进行了不同层面的开发。海口市政府从宏观层面进行定位，包括投资重点，旅游线路规划等，还举办各种交流活动。例如从 2011 年开始连年举办的荔枝文化节等。海口羊山区域覆盖的各区县立足资源，不断发掘各自的旅游资源，例如龙华区突出羊山生态环境和古文化特色，结合谭美片区生态村创建开辟古村文化旅游产品；秀英区结合保护古村落，突出火山遗址文化特色，发展农村特色餐饮和购物游。海口的休闲农业业主们因地制宜，利用当地优势，打造特色休闲和乡村旅游。在海口西线和火山口周边建成了誉城九号休闲农庄、火山泉休闲农庄、海口绿枫庄、海口乡村钓鱼台等一批集休闲垂钓、旅游观光、生态餐饮为一体的休闲农业项目。如今，西部绿色长廊火山文化与城郊休闲农业产业带已经成为海口市三条重要的休闲产业带之一。

3. 生态价值　农业的生态价值主要表现在农业对生态环境的支撑和改善的作用上。羊山地区古荔枝群对当地自然生存环境的改善、生物多样性的保持、自然灾害的防止、农业经济的可持续发展等方面均具有明显的作用。

（1）在改良生存环境中发挥了积极作用。一是起到了涵养水源、保持水土的作用。古荔枝树体高大，百年以上生的树高可达 16 米以上，树冠直径 15 米以上，根系发达，由大量粗壮发达的侧根和纤细茂密的细根所组成。枝叶繁茂的树冠能有效阻止雨滴对地表的直接冲刷；发达的根系与土壤盘结交错，形成了网兜效应，可以起到锚固作用，极大地增强了根系与土壤间的凝聚力，防止地表径流。因此，羊山地区水土保持良好。二是起到了净化空气的作用。荔枝林可以调节空气中氧气和二氧化碳的平衡。据测算，一般情况下，每公顷的阔叶林每天能吸收一吨左右的二氧化碳，释放 700 公斤左右的氧气。荔枝林可以过滤尘埃、吸附粉尘和细菌。有研究表明森林吸附粉尘的能力高出裸露的大地 75 倍；城市百货大楼内空气含菌率高于公园 400 倍，高于森林 10 万倍。荔枝林可以吸附空气中有害气体。空气中的 CL_2、NO_2、HF 以及一些重金属造成大气污染可以被树木有效吸收，在夏季，城市绿化覆盖率每增加 10%，大气中二氧化硫的浓度会减少 30%。羊山古荔枝生态系统的环境净化功能使其成为海口市重要的水源涵养地和绿色屏障，被称为"海口之肺"。

（2）在保持生物多样性方面做出了积极贡献。羊山古荔枝树群在当地的环境中长期自然成长，有着极强的环境适应性和强大的生命力，与当地火山口、火山锥、熔岩台地上发育的热带季雨林、热带果林、刺灌木和古榕树交错共生，保证了生态结构的完整和生物多样性的形成。

古荔枝群内的荔枝本身就具有品种多样、物种丰富的特点。20 世纪 60 年代，羊山地区野生荔枝母本群面积达 6 万亩，数百年的原生荔枝树连片成林，形成了世界罕见的野生荔枝母本群，而且"几万亩几十万株，没有一株相同"。在此基础上，还选育出许多荔枝新品种，形成了功能强大的多样化生态力。

古荔枝群内植被多样，层次分明，各类热带植物达 1 000 多种。上层乔木以古荔枝和阔叶林为主（如椰子、龙眼、黄桐等），普遍层高十几米以上。林下为灌木和草本群落。灌木和乔木间还生有大量藤本植物和附生植物（如蕨类、兰类科等）。乔灌草层叠交替，构成了热带独特的森林体系，被称作海南少有的热带雨林。

多样的生态环境为动物栖息繁衍提供了极为有利的生存环境。海口市统计年鉴中显示，海口市有野生陆栖脊椎动物 199 种。其中两栖类 22 种，爬行类 36 种，鸟类 119 种，兽类 24 多种（其中 5 种为海南特有种），列入国家一、二类重点保护名录的野生动物 13 种，省级保护动物 70 种。2014 年发布的

《羊山湿地快速生物多样性调查报告》显示，在羊山地区区域性、大面积、多类型的湿地中记录到兽类 4 种、鸟类 96 种、两栖爬行类 16 种、鱼类 44 种、蜻蜓类 32 种、蝴蝶 134 种、大型真菌 60 种，其中国家一级保护动物 1 种，国家二级保护动物 12 种。

（3）科研价值。羊山古荔枝生态系统是一个天然的教研基地，既可以作为现代林学、农学、生物学、生态学、植物学、环境学、资源学等多种学科的研究对象，又可以为教学研究提供实习场所。羊山古荔枝的历史地位以及结合所处环境所派生出的衍生价值在考古学、历史学、社会学、经济学等学科方面也有重要的研究价值。

羊山古荔枝生态群落具有极高的自然科学研究价值。这里是中国荔枝原生地之一，因其独特的地理历史环境和神奇火山地质土壤造就和蕴藏了世界上最稀奇的荔枝品种，形成了世界罕见的野生荔枝母本群，是中国乃至世界有名的荔枝种质资源库。在这里曾经选育出我国第一个无核荔枝品种——南岛无核荔枝和我国最大果形荔枝品种——大丁香荔枝王。当地特殊的火山地质土壤和当地人祖辈养成的荔枝实生繁殖习惯，加上海岛特定的光、温、热等条件，造就了羊山地区荔枝生物群落。群落中植被丰富，生物多样，动物、植物、微生物之间循环演替，它们之间的相互关系，以及对环境和人类生活的影响都可以作为自然科学的研究对象。

这里还具有较高的人文研究价值。羊山火山区是我国唯一处于热带地区的第四纪火山地貌地质遗迹，火山锥多达 40 座，熔岩隧道 30 多条，具有极高的科考价值。由于历史上海南地处边缘，文化落后，因此海南荔枝栽培历史虽然悠久，但见于文献却较晚。据记载，2000 多年前南越王赵佗就曾向汉高祖进贡荔枝（当时海南属于广东），而直到明代正统年间，海南荔枝才首次见于文献。如果能够对羊山的荔枝栽培历史进行深度挖掘，对其寻根溯源，对海南乃至中国都具有重要的历史学术价值。此外，荔枝名字的由来、长期以来形成的荔枝种植习惯等方面也具有较高的文化研究价值。

（二）海口羊山古荔枝群多功能表达中的困境和不足

1. 古荔枝资源遭到砍伐破坏，生态功能弱化　20 世纪 60 年代，羊山地区有野生荔枝母本群达 6 万多亩，有 130 多品种，其中 58 个品种为优良品种，但是大量的砍伐导致羊山古荔枝群破坏严重。对荔枝林的大规模砍伐主要有两次。第一次是"大跃进"时期被砍伐烧火"大炼钢铁"。第二次是 20 世纪 90 年代以后，砍伐的原因主要有三点：一是新品种培育出来以后，野荔枝市场竞争力较差，而荔枝木材市场价格始终居高，农民在利益驱使下砍伐荔枝树卖木材；二是有些农户为了选育新品种，将自家表现不好的荔枝树砍掉，嫁接一些优良品种；三是一些农户在政府征用土地前，担心补偿款低，不能与荔枝木的实际价值相等而提前砍伐变卖。古荔枝资源因砍伐而大量流失，降低了资源的多样性，在 20 世纪 50-70 年代已经调查出的优良品种，许多已经消失，如南岛无核荔枝母树、大丁香母株等均已不在。

2. 旅游业发展层次较浅，休闲功能开发不足　休闲农业作为羊山地区的一种新兴产业和旅游可持续发展的一种实践形式，有效地拓宽了当地农民的增收渠道、优化了产业结构，在发挥荔枝多功能性方面起到了一定作用。但是总的来看，羊山地区的休闲农业尚处于发展的初级阶段。一是经营分散，品牌效应差。羊山地区休闲农业景点的开发多处于自发状态，规模较小，话语权较弱，区域布局分散，难以形成品牌效应。缺少名园、名品、名菜、名项目等，生态、文化内涵不高，社会影响力不大，知名度不高。二是缺乏宣传引导，资源利用不充分。古荔枝在休闲农业中的潜力没有充分发掘。例如永兴镇拥有荔枝林 5.2 万亩（其中野生荔枝林 3.9 万亩），是羊山地区古荔枝群最为集中的地区，但是该地区资源闲置，几乎还没有进行休闲农业开发。三是文化挖掘不够，产品开发不足。许多休闲项目只是把城市的餐饮服务转移到农村，缺少乡土气息，游客无法满足追求差异化的心理需求。旅游产品也缺少乡土文化特色，简单重复现象明显。四是部分地区村民不配合。一些管理者反映休闲旅游开发在某些地区阻力较大，村民对旅游开发不配合，多注重眼前利益，经常出现违约现象。

3. 开发管理部门职能交叉，影响办事效率　在羊山古荔枝群的保护和开发问题上，涉及部门多且分散。发改、财政、环保、林业、土地、农业、旅游、统计等多个管理部门均掌握着部分管理权。各部门往往从自身责任出发，强调本部门的管理规范，容易导致各部门间信息互通不足，可能导致部分工作重叠或相互衔接不上的问题，办事效率较低。而且羊山地区覆盖 3 区 13 镇，各区之间的沟通协调和利益调节也比较复杂。

（三）海口羊山古荔枝群多功能性挖掘及可持续发展建议

1. 加强对古荔枝群的保护，防止生态功能继续弱化　一是立法保护，借鉴国内外先进经验，结合实际情况，整合与林地保护有关的法律法规尽快出台和实施相关法规或条例。二是建立保护区，对集中连片的古荔枝群和羊山湿地进行集中原地保护。三是设立生态补偿基金，对古荔枝保护做得好的乡村给予政策奖补。四是加强野生荔枝母本资源调查收集，对具特殊性状的荔枝资源进行嫁接保存。五是加大文化遗产重要性宣传，提高农户的保护意识。

2. 保护与开发并行，盘活生态资源　对古村落和古荔枝群的保护是十分必要的，但是保护不宜过度，保护生态并不意味着完全制约发展。针对羊山古荔枝群的实际情况，加快产业发展既可以借助"外力"，通过引入技术含量较高的生态友好型生产企业开发产业资源；也可以"内部"挖潜，通过组织村里的力量和争取上级支持，加快具有人文历史特色的景点的恢复性建设，并对现有休闲接待场所进行升级改造，以提升消费档次和增加消费收入。这不仅能守住羊山地区的"绿水青山"，而且能加快当地乡村振兴的步伐。

3. 坚持品牌化专业化方向，发展标准化荔枝产业　羊山地区的荔枝产业已经具备一定规模，也已经有了自己的特色（富硒），应该坚持走专业化、品牌化路线。一是完善基础设施建设，建设农业标准化生产基地，提高荔枝抗灾、防灾能力，为生产质量稳定、特色鲜明的品牌荔枝产品奠定生产基础。二是强化羊山荔枝的品质认证，以"三品"认证为核心，发展农业品牌可追溯体系，建立农产品身份认证，提高和强化火山富硒荔枝的质量保证。三是加大宣传力度，由地方政府制定荔枝产品战略规划，并充分利用电视、报纸、杂志、广播等各种新闻舆论工具，大力宣传，拓展市场。

4. 继续挖掘休闲旅游发展潜力　为更好推动羊山地区乡村休闲农业个性化发展，需要重点抓好四件事：一是统一规划，合理布局。以"西部绿色长廊火山文化与城郊休闲农业产业带"为核心，制定旅游线路，并在此基础上进行刚性指导和区域、功能定位，避免雷同、重复建设。二是重视品牌建设，注入文化要素。重视休闲农业的形象策划与包装，打造休闲农业品牌。以永兴荔枝为支点，深入挖掘羊山荔枝文化；以火山文化为主题，提升古村品味。三是发挥政府的主导作用，开拓多元化的投融资渠道。建立市、区、镇三级政府投入基金，鼓励和引导工商资本、民营资本和外来资本投资开发休闲旅游农业，建立起"业主为主、政府配套、社会参与"的投入机制。四是积极培养乡村旅游人才。要按照现代乡村旅游发展的要求，以电大、技校、高职院校、实践网点等为载体，构建职业教育、继续教育、终身教育、农村社区教育的四位一体教育体系，辅以相对成功的乡村旅游企业或农户为典型示范，重点从经营管理、接待服务、产品营销等方面对他们开展培训指导，培养一批懂服务、会管理、留得住的乡村旅游发展人才。

5. 整合部门，简化管辖机构　针对管理部门过多、权责夹杂不清的问题，建议政府按照精简、高效、透明的原则，设立专门的发展监督或指导职能小组。整合归并性质相近、用途相同、使用分散的相关资金。同时，理顺各部门之间的工作关系，建立统一互通的政策创设平台和动态调整机制，提高羊山古荔枝群开发政策的精准性、有效性和执行力。

传统村落保护与发展的路径探析

　　传统村落历经年代久远，至今仍具有历史文化科学艺术社会经济价值，是不可再生的文化资源，必须严格加以保护。尽管如此，传统村落所在地的经济和社会也需要发展，生活在传统村落的人民也需要提高生活质量。因此，建立传统村落保护与开发相协调的体制机制显得十分重要。2021 年 2 月 14 日，云南省临沧市沧源佤族自治县勐角乡翁丁村老寨发生火灾，虽无人员伤亡，但是大火烧掉的不仅仅是房子和村民的物质损失，其造成的文化遗产损毁则无法估量，拥有 400 年历史的中国佤族文化和传统建筑风格的原生态村落已经不复存在。再次引发我们对传统村落保护和开发的思考，当前我们的传统村落是怎么保护和开发的？传统村落的保护和开发存在哪些突出问题？如何建立传统村落保护与开发相协调的体制机制？

一、我国传统村落的概况

　　我国各族人民在劳动和生活中形成了丰富多彩、精妙绝伦的传统村落。这些传统村落承载着中华民族的历史记忆，是生产生活智慧、文化艺术的结晶，是中华文明的根，寄托着中华各族儿女的乡愁。2012 年以来，住建部会同文旅部（包括原文化部）、财政部等先后多次组织传统村落调查，分五批将 6819 个有重要保护价值的村落列入了中国传统村落名录。2003 年起，住建部、国家文物局也联合认定了七批中国历史文化名镇名村，其中名镇 312 个，名村 487 个。这些历史文化名村与传统村落有一定的重复和交叉。随着大量农村人口的转移，合村并居、城镇化建设的拆迁、易地扶贫搬迁等越来越普遍，尤其是《乡村振兴战略规划（2018—2022 年）》中提出要根据发展现状、区位条件、资源禀赋等，将村庄划分为集聚提升类村庄、城郊融合类村庄、特色保护类村庄和搬迁撤并类村庄 4 种不同类型，并明确要求分类推进。其中一部分传统村落是特色保护类村庄，还有一部分面临着搬迁撤并的风险。相当一部分传统村落座落在刚刚脱贫的地区，脱贫地区发展经济的任务十分艰巨，保护传统村落面临的形势日益严峻，统筹保护和开发迫在眉睫。

二、保护传统村落的主要措施

（一）在地方层面建立工作协调机制

在省级层面，大部分省都建立了省级传统村落保护发展工作联席会议制度，由分管副省长任联席会议总召集人，住房城乡建设厅、财政厅、自然资源厅、农业农村厅、文化旅游厅、文物局等部门负责人为成员，统筹协调全省传统村落保护工作，联席会议办公室一般设在省住房城乡建设厅。市州、县市区也建立了领导协调机制，统筹协调做好传统村落保护发展工作。那些有传统村落的乡镇都明确了专门人员配合做好监督管理工作，传统村落所在的村将保护要求也纳入了村规民约。

（二）国家层面下发保护政策文件

中共中央国务院印发的《乡村振兴战略规划（2018—2022 年）》明确指出，历史文化名村、传统村落、少数民族特色村寨、特色景观旅游名村等自然历史文化特色资源丰富的村庄，是彰显和传承中华优秀传统文化的重要载体。要统筹保护、利用与发展的关系，努力保持村庄的完整性、真实性和延续性。住建部等部门联合印发了《关于切实加强中国传统村落保护的指导意见》（建村〔2014〕61 号），在认定五批中国传统村落和七批中国历史文化名镇名村的基础上，为完善中国传统村落名录制度，切实加强中国传统村落保护，还印发了《中国传统村落警示和退出暂行规定（试行）》。同时北京、湖南、云南、河南、安徽等省（市）还专门出台了关于加强传统村落保护发展的指导意见。

（三）争取各类资金支持

中央财政对国家认定的传统村落支持力度为平均每村 300 万元，补助资金主要用于传统村落人居环境改善及"一事一议"财政奖补项目实施，改善传统村落的道路基础设施、污水治理和垃圾处理等人居环境。地方财政对传统村落保护也有一定的支持，但是力度一般根据地方财政的实力和重视程度来决定，例如河南省级财政对每个村庄的估算投资总额不超过 500 万元。一些交通比较方便、特色比较鲜明的传统村落往往有社会资本介入，支持其开展企业化经营。

（四）制定保护发展规划

各地按照《城乡规划法》以及《传统村落保护发展规划编制基本要求》（建村〔2013〕130 号）编制和审批传统村落保护发展规划，在规划审批前，还通过住建部、文旅部、国家文物局、财政部组织的技术审查，尤其是涉及文物保护单位的，编制文物保护规划并履行相关程序后纳入保护发展规划。涉及非物质文化遗产代表性项目保护单位的，由保护单位制定保护措施，报经评定该项目的文化主管部门同意后，纳入保护发展规划。

三、传统村落的开发情况

（一）农业农村部门推进开发

一般是农业农村部门在推进传统村落的开发工作。一是积极配合相关部门抓好传统村落的保护、文化传承和开发工作，并积极协调上级部门争取资金的投入，为加强传统村落的开发与保护工作献计献策。二是结合传统村落的保护，进行合理开发，扶持发展休闲农业和乡村旅游，并涌现出了一批先进典型。

（二）企业整体接管开发

一些传统村落被企业看中以后，村民全体搬出来，由企业整体接管并开发。云南省沧源佤族自治县翁丁村老寨由沧源县文化旅游产业开发投资有限公司开发，打造翁丁村老寨旅游产业，各类投资已达 2 亿多元。翁丁被规划为景区后，当地不仅给村民在新寨修建了新房子，柏油硬化路也修到了每家每户门口。

（三）企业与村民共同开发

一些企业与村民共同开发传统村落的资源，既带动了村落发展的活力，又促进了村民的增收致富。例如，安徽省黟县宏村引入中坤公司，整体开发宏村的传统村落资源。在中坤公司的积极推动下，宏村被列为联合国教科文组织的世界文化遗产名录，由此带来了大量的旅游收入，公司和村民按照一定的比例对门票收入进行分成。

（四）非营利机构与村民共同开发

为了更好地保护传统村落的风貌，一些非营利机构也参与到传统村落的开发和保护中去。例如，中国城市规划设计研究院、北京大学、北京建筑大学等联合团队在安徽省潜山万涧村、绩溪尚村两地开展皖南传统村落保护试点项目，以多专业协同的陪伴式规划，综合解决传统村落在传统建筑、社会组织、产业发展、文化传承等领域的问题，探索出了兼顾村落保护与可持续发展的传统村落保护和开发模式。

四、传统村落保护和开发中存在的突出问题

传统村落空心化、空巢化甚至消失的现象越发突出，保护与开发过程中仍

然存在诸多亟待解决的现实问题。

（一）资金投入严重不足

资金不足已严重影响对传统村落的保护。受自身经济能力和有关规定的影响，很多村民仍把古民居用作住宅。由于年代久远，必需进行经常性的维修，但是自身维修技术和费用都不够，使得村民对民居的维修更多地停留在使用上，而非保护民居的原真性。巨大的维修费用增加了居民的负担，制约了传统村落价值的实现。而且一些传统村落的木质结构房屋区别于其他窑洞型、石板型、蒙古包型和砖混型等古建村落，且是民族聚寨而居，依山而建，民族村寨木质结构连片，存在先天性火灾隐患。由于投入不足，消防体系建设落后，往往会出现一家失火，全寨遭殃的严重后果。

（二）整体保护理念缺乏

由于缺乏整体保护理念，村民改善自身居住条件的愿望与保护传统村落的矛盾日益尖锐，直接导致部分村民改建、扩建其拥有的古民居。还有的地方在大力推动乡村旅游产业，在享受经济实惠的同时，忽视了对环境、资源与民俗的保护，建设"人为"的传统村落。有的村民为了经商需要，随意搭建用房，破坏了村庄整体格局。一些地方政府忽视对村民的教育及引导，以至于许多传统村落存在不同程度的脏乱差现象，影响传统村落的品质。加上旅游开发导致游客大量涌入村落，对传统村落的环境承受能力提出了巨大挑战，在一定程度上造成了环境破坏和污染。

（三）开发中丢掉了神韵

有的地方只注意到了传统村落的经济价值，而忽视了其文化价值、社会价值，把旅游开发当作传统村落保护发展的主要甚至唯一出路。而经济价值只是传统村落全部价值中很小的一部分，因为开发而丢掉了神韵，可能导致传统村落得而复失。如果通过开发使原本宁静的村落变得喧嚣起来，古朴的村寨成为简单的商品卖场，那么传统村落就会逐渐失去其原生态的美，也会丢失掉乡愁记忆。因此，保护和开发应该达到一种平衡，只有把神韵保护下来才能考虑合理利用，利用得当才是有效的保护。

（四）相关法律法规滞后

虽已有全国性的《中华人民共和国文物保护法》《中华人民共和国非物质文化遗产法》，但是作为物质文化遗产与非物质文化遗产共存的传统村落保护往往与发展构成矛盾，还缺少专门的法律法规来加以规范。传统村落本身从属于地方政府的行政管辖，保护涉及部门较多，难以形成合力，如文物部门负责村落中文物保护单位本体的维修，住建部门负责规划和建设，而村民基层组织则更加注重经济效益和居住条件。

（五）村民参与积极性不够

传统村落是呵护和守护好民族文化的重要载体，而村落保护的参与主体却处于被动地位。一些传统村落的村民生活得不到有效保障，青壮年劳动力只能外出打工，村子里基本只留下老年人和在读学生。这部分留守人群难以参与到传统村落的保护中来，对于国家政策知之甚少。居民改善居住条件和传统村落保护间矛盾越来越突出，很多老宅的陈旧格局及落后配套措施已无法适应现代生活的要求。缺少了村民的主动参与，传统村落保护的各项措施很难落到实处。

五、加快建立传统村落保护与开发相协调的体制机制的建议

中国传统村落的保护和开发是继文物保护单位、历史文化名城、名镇、名村之后一项新的工作。传统村落保护与开发应根据党的十九届五中全会提出的"保护传统村落和乡村风貌"的要求，充分考虑传统村落村民的实际需求，坚持规划先行、统筹指导，整体保护、兼顾发展，活态传承、合理利用，政府引导、村民参与的原则，既注重保护又注重发展，合理利用传统村落各种资源，在发展中更好地进行保护，让传统村落的优秀历史文化得到延续和传承，活在当下。

（一）建立部际联席会议制度

要建立传统村落保护部际联席会议制度，在部际层面由中央农办、住建部、文旅部、国家文物局、财政部、自然资源部、农业农村部、国家乡村振兴局等部门共同组成传统村落保护联席会议制度，由国务院分管领导统一协调，办公室设在中央农办，协调推进传统村落保护，并鼓励各部门将产业支持政策结合到支持传统村落保护和开发中。加快推进相关法律法规的建立和完善，加强保护和开发的正式制度约束。

（二）要明确保护的优先序

传统村落的保护是一个庞大的系统工作，要建立整体保护的理念，鼓励每个传统村落都制订规划，明确保护优先序。首先，作为最具代表性的文物——"典型民居"属于绝对保护区，应立即进行维修保护；其次，配套的建筑如亭子、道路等属于重点保护区，可以先予以集体保护；最后，村落的整体环境和周边的林地、山岗、河流等属于环境协调区，可以进行整体保护。在实物保护

的基础上，兼顾文化、人才、民俗传统等的保护。

（三）广泛吸纳多元投资主体

传统村落是国家的财富，必须拿出较大的财政资金和技术力量给予支持。除此之外，还要尽可能动员社会力量诸如村民、专家学者、各类社会团体等的参与，鼓励企业、民间机构、事业单位、协会组织等对传统村落的保护进行投资或者捐赠，实现资金来源多元化、投资常态化。

（四）研发利用传统村落资源

遵循监管和开发并重的原则，推动传统村落发挥应有的作用。在监管上，有关部门要严格执法，确保其不会遭到破坏；在开发上，积极创新传统村落的管理模式，推动其不断走向繁荣。积极倡导"授之以渔"，在政府指导和保护传统村落价值的前提下，充分发挥民间自身的作用，渐进地进行合理开发利用。加大转移支付力度，不断提高社会保障水平，提高村民的转移性收入水平，充分发挥村民作为参与主体的作用。

（五）培养村庄的文化传人

村庄里大量独特的历史记忆、宗族传衍、俚语方言、乡约乡规、生产方式等，作为一种独特的精神文化内涵，因村落的存在而存在。因此，要加强村民尤其是年轻人对本村传统文化的学习。积极活跃各类民俗节日，以其新内涵激发年轻一代参与的兴趣与热情，同时鼓励游客参与各种民俗和节日庆祝活动，达到更好地宣传、保护和挖掘这些有形和无形资产的目的。

（六）切实加强消防系统建设

要以曾经发生过火灾的传统村落作为典型案例，以解决传统村落的消防安全布局、消防通道、消防水源、消防设施、消防通讯等为突破口，着力解决制约消防工作发展的根本性问题，全面建设传统村落的消防系统，彻底扭转火烧连营的被动局面。根据网格化管理的要求加大消防设施的投入力度，加强各种形式消防宣传，组成片区的应急消防队，运用智能报警、"大数据＋电气防火"等高科技手段，做到随时掌握，全天候了解。

专栏 9-1　传统村落保护与利用的王硇之路

王硇村是河北省邢台市的一个古村，于 2013 年列入第二批中国传统村落，还是中国历史文化名村，中国最具魅力休闲乡村。

一、王硇村的历史演变与主要特征

王硇村位于太行山区，村庄发展历史悠久，据现存清代碑石记载，王硇村现居王姓始祖王得才原籍四川省成都府两岗村，明朝永乐年间，王得才官任朝廷武官，某年奉命往京都押解皇纲，行至河南至河北两省交界处，遭强人劫掠，王得才自感无法向朝廷交差，又恐官府追查，灭门九族，遂遣散人马，落荒而逃。先逃至沙河县正招村和下郑村，因这些村紧邻官道，怕被发现，后逃至王硇，在此定居下来建房置产，繁衍后代。王得才一脉现已传至23世，600多年。

王硇村现有240余户，830人，村域面积20余平方公里，其中耕地56.9公顷，属沙河市柴关乡管辖，地势四周多山，沟壑纵横，属暖温带半湿润区，大陆性季风气候明显，四季分明，年平均气温11.4℃，年降水量750毫米。

王硇村最为出彩的是古石楼民居及其形成的石楼建筑群，这些石楼集四川与太行山区建筑风格相融合的特征，并具有战争防御功能。石楼的墙壁用丹霞岩红石条垒砌而成，顶部一色青瓦，建筑高度多为二层或三层，最高达18米，院落结构多为套院结构，且家家墙体互联，院院暗道相通，个别院落有隐秘的地窖或地道通村外，楼顶建有碉楼，当地人称其为"耳房"，碉楼上留有瞭望孔，一旦发现敌人，石楼内的人会在短时间内转移。目前，仍保存完好的石楼有130处，房屋2 000间，石楼群建筑总面积72 000多平方米，占全村建筑总面积的三分之二以上，其中建于民国之前的楼房36座360余间。

二、传统村落的保护

21世纪初，王硇村关停了采石场，防止工业发展对生态环境的破坏，开始在四周的山上植树造林，逐步改善环境。

利用传统村落保护资金，一是投资150万元进行了古民居的修缮，尤其是老化严重的明、清时期的古石楼。尽量按照原有样式，对房顶、门楼进行保护性修复。二是投资150万元用于农村基础设施改善，重新修建进村道路，由原来的3米拓宽至6米，方便了村民的进出，对村内的道路重新用石板进行了铺设；特别是对农村的上下水进行了改造，在村内选址并开挖深水井，并铺设自来水和下水管道，目前全村居民家庭都用上了自来水和抽水马桶，在村北建设污水处理厂，进行生活污水的处理。

三、传统村落的复兴

2010年前后，村里借助古石楼建筑群和优美的自然环境开始发展乡村旅游，通过乡村旅游带动一二产业的发展，实现农村一二三产业的融合。

（一）乡村旅游发展

王硇村旅游发展的特点在于发展多种旅游形式，通过"古石楼观光＋农业景观＋家族文化＋庙宇文化＋徒步健身＋红色文化＋饮食文化"相结合，打破了休闲农业发展中的季节性问题，同时延长了游客停留时间，增加了休闲农业的收益。

在古石楼观光中，规划了观光路线，从村民中选拔两名导游，进行系统的讲解。从2010年王亚平的第一家农家乐开始，目前全村已发展农家乐18家，有床位100多张。据王亚平介绍，游客来的时间以周末和法定节假日为主，冬季偏少，他经营的农家乐有3个房间，8个床位，每个房间的售价为100～120元/晚，同时还为游客提供餐饮，主要以地方特色饮食为主，如饸饹面、大锅菜等。每个周末营业收入保守估计在2 000元左右，在五一假日期间，每日仅餐饮总收入有5 000～6 000元。

王硇村四面环山，是户外运动爱好者不可多得的徒步健身的好去处。山上生长最多的为黄栌树，约2万亩之多，每到秋季，栌叶变红，漫山遍野，形红一片，景色尤为壮观。几百年来，勤劳的百姓在村周边开垦梯田，从山上望去，层层梯田尽收眼底，如"山上的诗行"，记载了王硇人民的劳动智慧。

（二）乡村文化传承

王硇村王氏家族代代相传，村里建设了"王家祠堂"，保存了家传族谱和家训，展示世世代代涌现出的王氏名人，如民国志士王树棠、科技精英王树楠、著名画家王鸿。还有村史馆，记载了王硇村发展的重大事件和主要成就，在相关专家的协助下，编制了《王硇村志》，为研究王硇村积累了宝贵资料。

王硇村的道教文化和佛教文化源远流长，在红枫山顶有奶奶庙（相传为三霄娘娘讲经布道之所），当地企业投资700余万元对红枫奶奶庙进行了重新建设，周围来此祈福的群众络绎不绝。

王硇村还是红色文化教育基地，抗日战争期间，王硇村不仅是中共沙河县委、县政府的驻地，而且与柴关村一起，曾是中共沙河县和沙河县抗日政府所辖二区的区委机关驻地，由于王硇村地处太行山腹地，常有从涉县、武安方向过来的太行抗日革命根据地与八路军一二九师的重要党和军队领导人指挥战役和指导沙河县的抗日工作。在王硇村住过的人员中，最为著名的有一二九师师长刘伯承、政委邓小平等人。

（三）特色农业发展

当地因地制宜，发展特色农业，在原有杂粮种植的基础上，种植林果，如新发展了 2 000 亩的薄皮核桃树,规划种植了苹果树等,一是可以形成农业景观,二是发展优质特色林果。已经形成了王硇苹果、核桃、小米等品牌。在旅游发展带动下,当地小米价格明显高于市场价格。

(四)传统手艺复兴

织布在当地是一个传统手工艺,据村民介绍,当地妇女一般都掌握织布的技艺,但是随着现代纺织业的发展,一些传统的工艺渐渐消失。随着旅游业的发展,村里的妇女重新捡起了织布技艺,如金梭姐们粗布店,以传统的工艺进行布料加工,由于绿色、舒适,获得游客的喜爱,并且通过游客的宣传,市场名气越来越大,店里的产品供不应求。

四、传统村落保护与利用的困境

(一)保护资金缺乏长效机制

能获得的相关扶持资金仅有传统村落专项资金,然而相对于修缮资金需求量,传统村落的专项资金还远远不够。据介绍,传统民居的修缮成本较高,相关材料费用较高,技术工人少,人工成本高,仅修缮房顶所需的费用就要 500 元/平方米,门楼修缮的成本在 5 000 元/个。由于村集体经济发展还不够发达,除了要维持村落用水、管理等费用外,能够用于古石楼修缮的资金缺指可数。

(二)闲置的古民居利用

一些古石楼长期闲置,由于没有人居住,加速石楼的老化,即使进行保护性修缮后,还面临着无人居住的问题,如何盘活这部分资源,是传统村落保护面临的一个问题。

(三)农村人口的迁移

当地青壮年劳动力大量外出,在村里很难见到年轻人。由于小学合并政策,该村的小学生要到外村上学,部分人为寻求更好的教育资源,举家搬迁到城里,加速了农村人口的转移,更加导致石楼的闲置,经营农村一二三产业的优质劳动力缺乏。

(四)旅游接待与管理问题

旅游接待能力还很有限,大量游客短时间的涌入,容易导致人满为患,影响游客的旅游舒适度,不利于当地旅游品牌建设。大量游客的进入也会对当地的水资源、生态、环境、卫生状况造成压力。旅游管理人才缺乏,能够使用互联网进行旅游宣传、推介等能力有限,旅游发展的管理水平不高,农家乐主要以自我发展为主,组织化程度不高。

五、关于传统村落保护的讨论与启示

关于门票。经当地物价局批准,王硇村已经开始对游客收取门票,但村干部介绍，收取门票也是不得已而为之，由于村集体收入较少，门票的收入主要是维持村里正常的管理需求，但是收取门票往往会影响旅游人数，造成游客数量的减少。

关于保护资金问题。在村集体经济发展相对较弱时，建议政府加强对保护资金的投入，帮助村里走向自我维持和发展的道路，而且要整合相关部门的扶持政策，帮助村集体做强做大。在保护村落和村民利益的前提下，合理利用外部工商资本。

关于闲置民居利用问题。在科学规划，合理使用的基础上，引导村民将闲置的古石楼以出租、入股等形式，盘活闲置资源。

关于旅游管理。委托专业的旅游公司进行规划设计、旅游管理方案建设，加强旅游监测，对游客数量、出行时间等方面进行科学研究，为科学的旅游管理提供决策支持。

资料来源：张灿强．王硇村的古石楼观光特色路［N］．中国城乡金融报，2019-8-28（B03）

专栏 9-2　翁丁村老寨被毁的警示

2021 年 2 月 14 日，云南省翁丁村老寨突发大火，短短数小时内，整座老寨几乎被大火夷为平地。翁丁村老寨拥有 400 多年历史，是中国佤族历史文化和传统建筑风格的原生态村落。翁丁，在佤语中意思是"云雾缭绕的地方"，古寨内佤族传统"干栏式"茅草房、图腾柱、剽牛桩、木鼓房等保存完好，被誉为"中国最后原始部落"。翁丁村老寨先后被评为中国传统村落、中国历史文化名村、云南省级文物保护单位，2020 年被评为 4A 级旅游景区。近几年，翁丁村老寨每年接待游客数十万人次。大火过后，翁丁村老寨内的佤族传统"干栏式"茅草房几乎被全部烧光，百余栋房屋只剩三四栋，损失惨重。

一、传统村落火灾发生原因及主要隐患

近年来，传统村落发生火灾已不是个别现象，2014 年 1 月，云南省独克宗古城突发大火，300 多座老屋被烧毁；同月，贵州省镇远县报京乡报京大寨火灾，造成 1 000 余间房屋受损；2013 年 3 月，云南省丽江古城景区发生火灾，13 户 103 间建筑被烧。传统村落火灾发生既有普通村庄存在的问题，又有区别于普通村庄的原因。

从火灾发生原因看，以贵州省为例，根据 2000 年至 2015 年传统村落火灾分析，主要原因可归纳为电气、生活不慎、生产作业、玩火、故意纵火等。其中，电气火灾占比最高，为 42.5%，主要为电线老化、短路、其他故障引发明火导致。第二为生活不慎引发的火灾，具体包含吸烟、燃放烟花、厨房做饭等，占比 25.8%；不明原因引起的农村火灾发生占比 9.6%，小孩玩火、故意纵火、其他原因的火灾比例分别占 6.3%、5.6%、5.5%；生产作业、自然、雷击引发的火灾则为小概率事件。作为传统村落，商业和旅游增加了用火频度，例如，原先居民的住宅，改造为商店后增大了建筑内的火灾荷载密度，改造为餐饮店后增加了动用明火的频次，改造为娱乐场所后增大了用电负荷，这些都增加了火灾风险。云贵地区的传统村落以木结构为主，往往密集连片，一旦某处木构件发生火灾，不可避免地将会出现大面积的火势蔓延。

从防灾管理来看，一是很多传统村落将财政补助资金主要用于道路建设、供水、垃圾处理等人居环境改善，对消防设施投入欠账较多。二是一些古村落中有的消防栓只是摆设，消防栓水压不足或者没有接通水管的情况时有发生。翁丁村老寨火灾的重要教训之一就是消防设施配置不完善，没有按照消防要求配置公共消防设施和建筑内部的消防设施，未能有效规避"火烧连营"的情况。三是地方政府和有关部门消防安全责任落实不到位，对消防安全认识不足，消防安全管理制度不健全，日常管理、消防演练流于形式，导致在发生火灾时未能及时处置。

二、它山之石：日本传统村落的消防安全经验

白川乡位于日本岐阜县，那里的传统乡村建筑形式"合掌造"保留完整。合掌造起源于日本古时 13 世纪（约 1190 年前后），全屋采用木质结构，不用一根钉子，屋顶以茅草覆盖，呈人字型，如同双手合掌。白川乡现保存完整的"合掌造"100 多栋，居住 600 多人，这里也被叫做"合掌村"，1995 年入选世界文化遗产。

合掌村的房屋都为茅草木质结构，在预防火灾方面也积累了宝贵经验。一是村庄地处山谷谷地，河流穿村而过，上有水库，能够保障充分的应急水源。二是建筑布局稀疏，房屋之间有庄稼地、道路、水塘作为防火隔离。三是消防设施配置完善，全村共有 59 台喷水枪，34 台露天消防栓、28 台室内消防栓，足够及时扑灭早期火灾和小型火灾。四是建筑内部注重防火细节设计，如火炉上方设置防火隔板，防止燃烧火星随热气流点燃屋顶；燃气罐或燃气管道、空调设备等都规定放置室外。五是注重居民防火意识培养。要求居民熟悉消防灭火工具位置和使用方法，每年定期组织防火演习，消防栓的喷水场景已成为吸引游客的景观，进而对游客的消防安全也是一种教育。

三、筑牢传统村落消防安全的对策建议

传统村落是民族的宝贵遗产，凝结着历史的记忆，也是不可再生的、潜在的旅游资源。我国已有5批共6 819个村落被列入"中国传统村落名录"。要从防灾设施、消防管理、居民意识等方面施策，让传统村落远离火灾。

一要健全消防设施。传统村落在修缮过程中，要有专门的消防规划，合理布局建设消防水池、消防通道、消防栓等，消防设施的外观设计尽量与传统村落的风格相匹配。村里配备小型、轻便、高效、灵活机动的灭火救援装备和器材。以木质房屋为主的传统村落，房屋修缮和改造要充分考虑防火，引导每家每户配备灭火器。

二是提高应急能力。完善应急机制，认真做好消防演练，不能只是走走过场。提高基层消防巡查执法和及时处置火灾能力，与村（居）委会的义务或者志愿消防专业队伍进行无缝对接，全面提升传统村落火灾防控综合能力。科学研判旅游、商业开发所带来的火灾风险，针对各项风险提出有效的防控措施。

三要落实监管责任。强化火灾隐患排查整治工作，落实相关部门责任，加强传统村落的建筑、商铺、民宿、人员密集场所等消防专项治理工作，切实消除火灾隐患。明确公共消防基础设施的建设、管理、维护和使用主体。

四要提高防灾意识。加强当地居民、游客等主体的防灾意识，定期开展防火教育宣传。鼓励传统村落成立消防宣传队，开展日常的防火宣传，尤其加大春冬季节防火宣传。做好重大节日和节庆活动的防火工作，做实做细预案提升居民在游客较多时的防火意识。

资料来源：内部期刊

第九章
文化治理视角下的乡风文明建设

农业、农村、农民是关系国计民生的根本性问题，我国把解决好三农问题作为全党工作的重中之重。近年来，党中央持续下发一号文件，出台了一系列支持三农发展的政策措施。2017 年，党的十九大提出乡村振兴战略，把"产业兴旺、生态宜居、乡风文明、治理有效、生活富裕"作为总要求，乡风文明是乡村振兴战略的总要求之一。乡风就其社会意义而言，是"由社会文化的差异而造成的特定乡村社区内人们共同遵守的行为模式或规范，是特定乡村社区内人们的观念、爱好、礼节、风俗、习惯、传统和行为方式等的总和，它在一定时期和一定范围内被人们仿效、传播并流行"。笔者认为，乡风文明是对乡村的文化氛围和社会风气的总体要求，乡风的改变不是一蹴而就的，而是需要通过文化的教化作用浸润人心，由内而外转变行为，从根本上而言，这是乡村的文化治理问题。

一、文献回顾

（一）关于文化治理内涵的研究

"文化治理"是出于国家视角对社会治理方式的探讨，在学术渊源上有三：一是葛兰西的"文化霸权"理论。在葛兰西看来，统治阶级维持秩序时，除依靠暴力机构外，还会依靠宗教团体、学派和传媒等组织建立起对社会意识形态的话语权和领导地位，即文化霸权，这是研究文化治理的理论基础。二是福柯的治理性概念。福柯认为，治理性牵涉到主体之间的关系，治理是指个体被他人驱使以及如何自我引导，治理并不是胁迫，而是治理者宰制的技艺和民众自我宰制技艺相互作用并达成均衡的过程。三是本尼特的"文化治理性"思想。本尼特将福柯的理论引入到文化研究中，将文化"视为一组独特知识、专门艺术、技术与机制——透过符号系统的技艺与权力技艺建立关系，以及透过自我技艺的机制——并作用在社会之上，或与之建立关系"。在本尼特看来，文化是可生产的，是通过道德化和进步化的力量作用于社会关系之上的治理机制。国内有一些学者开展了文化治理的研究。吴理财认为，文化治理具有政治、社会和经济三种功能，其实质是透过文化和以文化为场域达到治理的目的，也就是说，文化治理是多元主体以合作共治的方式治理文化，并利用文化的功能来达成政治、社会和经济等多重治理目标的过程。与以功能主义来界定文化治理概念不同，廖胜华认为文化治理不是简单发挥文化的社会功能，而是把作为社会资本的文化要素应用在社会横向协调网络中，这种应用既体现在对文化的治理中，又体现在基于文化的治理中，文化在前者作为治理对象，在后者作为治理手段，都具有特定的问题导向和政策指向。基于以上学者的研究，笔者认为，文化治理是指多元主体协同通过文化建设作用于公共事务，为民众提供多项服务，增强民众的文化获得感，同时利用既有的文化传统引导民众自我教育、自我管理，进而达到善治的目的。

（二）关于乡村文化治理的研究

近年来，陆续有学者在乡村的场域内探讨文化治理的问题。有学者认为，国家通过政治权利将主流意识形态嵌入至乡村文化之中，由此起到文化在乡村的治理作用。在这一观点的研究中，刘彦武从嵌入性理论入手，认为中国共产党领导下的革命文化以及社会主义先进文化在当代中国乡村文化变迁过程中嵌入进乡村文化，经历了拒斥、相持、融入、变化的过程，最终实现乡村文化和先进文化双向耦合。他指出，嵌入性是当代中国乡村文化发展的根本性特征，从嵌入到耦合的过程推动了乡村文化治理的演进。还有学者强调乡村文化权利网络的内在性和行政权力的外在性，提倡发挥文化的治理功能，并反思治理主体优化的问题。在这一观点的研究中，李佳认为，文化治理的概念突破了国家中心主义的管理倾向和科层制范式的单向度权力结构，使文化成为乡村治理的关键因素，乡村治理的发展路径反映了文化权力网络的内在性及行政权力外部楔入的历程，提出应将文化嵌入到乡村治理系统中，发挥文化的社会整合与资源配置功能。金绍荣认为，需要将优秀的农耕文化嵌入到乡村治理中，深度挖掘传统村规民约的现代价值，引导农民自觉参与乡村治理，提升乡村德治水平。韩鹏杰认为，在行政主导下，乡村文化治理形成了理念城市化、运作项目化、绩效任务化的现状，呈现出功利性、封闭性和技术性的特征，乡村文化系统出现了文化活动繁荣和规范意义衰败共存的现象，因此需要以协同治理取代行政主导治理。还有学者着眼于乡村文化的衰落现状，探讨在社会变迁中改变文化治理模式来唤醒村民文化自觉的重要性。如吕宾认为，在乡村社会变迁中，出现了农民价值观和文化追求改变、乡村文化衰落、乡村文化治理行政化、乡村文化教育弱化和缺失等现象，认为农民已然失去了文化自信，因此需要通过提高经济发展水平、开展文化教育活动、改变乡村文化治理模式等方式来唤醒农民的文化自觉。

（三）关于乡风文明的研究

乡村历来被认为是人们在现代洪流中可退守的精神故园和长养农耕文化的沃土，乡情和乡愁给人提供源源不断的现世温情。乡风直观似"虚"，细看则"实"，学者对乡风文明的现状和问题做了基础性研究，主要表现为：基层带头人对乡风文明建设积极性不高；传统民俗文化的保护和传承缺乏长效激励机制；婚丧寿庆活动盲目攀比，随礼名目繁多，人情消费持续攀升；农村文化娱乐设施匮乏，方式单一，精神文化生活贫乏；农民道德水准滑坡，村民集体意识弱化；封建迷信现象、宗祖宗派势力有所抬头，邪教和非法传教活动值得关注等。目前，从部分基层组织涣散，到村民人生礼仪事项上的大操大办等，都不同程度反映了加强乡风文明建设的必要性和紧迫性。从何处入手建设才能实现乡风文明，学者从多个角度提出了建议。一是家规家训的普及。安勇认为，家规家训是我国传统文化的重要组成部分，在历史上起到了提升个人修养、规范家庭伦理、稳定社会秩序的作用；在乡风文明建设中，可以利用家规家训的功能，增强农民的认同感和责任心，从而减少建设的社会成本。二是孝文化的教育。张文禄基于皖北地区的调研，提出孝文化是乡风文明的根，可以通过孝文化建设好家风，进而和谐邻里，形成淳朴乡风。三是乡土文化的熏陶。高维认为，乡土文化教育是乡风文明的发展根基，应建立健全乡土文化教育体系，培养乡土文化人才，促进青少年对乡土文化的认知，激发乡土文化认同和热爱家乡的情感，从而提升乡村文明程度。四是村规民约的制订。陈寒非基于对黔东南地区的实证考察，提出村规民约在移风易俗中能起到重要作用，要鼓励乡村精英在推进村规民约的落实中发挥作用。五是党建的加强。胡云清认为，乡风文明建设需要通过党建来培育良好政治文化，通过党建夯实领导基础、凝聚合力、筑实保障，党建应当成为建设乡风文明的龙头。

既有研究中，学界从多个角度分别研究了文化治理和乡风文明建设，聚焦于二者的困境和解决之道，这为在乡村进入新时代寻找乡风文明建设的路径提供了有益思路和切入点。但是，研究文化治理与乡风文明建设关系的文献还不充分，需要进一步理清文化治理对乡风文明建设的价值和意义，探索如何利用文化治理促进乡村善治，从而达到乡风文明的目的。

二、文化治理和乡风文明建设的关系

（一）文化治理和乡风文明建设相辅相成

乡风文明建设呈现出两个维度，其一是政府引导，开展各项教育活动，自上而下传播社会主义核心价值观，利用政治话语权力建设乡村的公共文化，提供衡量民众行为的道德标准，从而达到移风易俗的目的；其二是通过挖掘、传承、发展乡村优秀的传统文化，激活乡村本土的文化传统，提高民众的文化自信，引导乡村社区的居民自我教育、自我规训，从而养成良好的社会风气，即文明乡风。民众自我约束能力的提高是乡风文明的重要表现，因此，文明的乡风会反过来提高乡村文化治理的可达性和有效性，达到乡村善治。乡风文明建设的逻辑是通过对乡村进行文化治理，达到对乡村文化灌输和村民文化自觉的目标，二者调试交融的过程就是乡风文明的建设过程。由此可见，文化治理是实现乡风文明的手段，乡风文明是文化治理的目标和结果，乡风文明能进一步提高文化治理的效能。

（二）提升文化治理能力是实现乡风文明的重要路径

乡风文明建设应以能力建设为基础，既提高当权者的文化治理能力，又提高民众的文化自觉，即文化自我发展能力，通过内外结合，在促进治理能力提升的同时，将文化治理转化为文化主体的自觉行为。文化治理能力的提升十分重要，一方面，乡风的形成有个过程，仅仅靠行政的力量只能转其表却无法转其里，需要通过文化的柔性特质熏染，慢慢转化；另一方面，承载乡风的主体是乡村居民，文化治理最终要作用于村民才能引发乡风的变化。只有提升文化治理的能力，才能切实满足村民的文化需求，并进一步激活当地人的主体性，提高文化意识和发展意识，实现村民价值观念、行为方式、生活习惯、思维方式的全面转型。

（三）乡风文明建设蕴含文化治理的内容

根据 2018 年中共中央国务院《乡村振兴战略规划（2018—2022 年）》、2018 年《中共中央 国务院关于实施乡村振兴战略的意见》、2019 年《中共中央 国务院关于坚持农业农村优先发展 做好"三农"工作的若干意见》、2019 年中共中央办公厅、国务院办公厅《关于加强和改进乡村治理的指导意见》、2019 年《中国共产党农村基层组织工作条例》等文件，笔者将乡风文明建设的内容进行总结和梳理，可以从中看出文化治理是乡风文明建设内容的重要组成部分。如图 10-1 所示：

一是加强思想道德建设。首先是践行社会主义核心价值观，主要通过宣传教育，树立先进模范典型，公正文明执法和公共政策的价值导向，实现社会主义核心价值观的教育引导、实践养成和制度保障。其次是巩固农村文化阵地，主要通过建设文化礼堂、新时代文明实践中心、评选文明村镇、星级文明户、文明家庭等方式，开展农村精神文明创建，发挥社区、学校等机构的教育作用，做好家风家训的传承工作。再次是倡导诚信道德规范，主要是建立健全农村的信用体系，开展好媳妇、好儿女、好公婆、最美乡村教师、

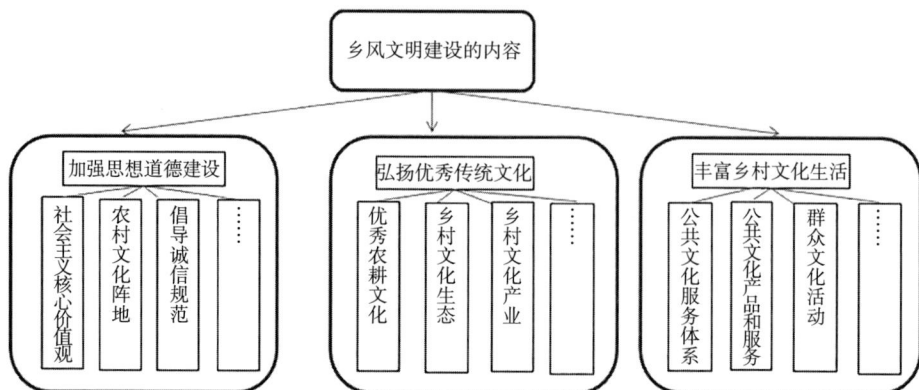

图 10-1　乡风文明建设的内容

最美乡村医生、最美村官等评选表彰活动，树立道德模范，引导社会向好向善。

二是弘扬优秀传统文化。首先是保护利用优秀农耕文化，既包含思想观念、人文精神、戏曲艺术、民族文化、民间手艺等非物质文化形式，也包含文物古迹、传统村落、民族村寨、传统建筑、农业遗迹、灌溉工程等物质文化遗产。其次是塑造乡村文化生态。主要通过特色小镇、美丽乡村的建设，盘活地方文化资源；通过保护乡村建筑格局和文化特色，体现乡村风貌；通过引入文化工作者、志愿者、企业家等群体，丰富文化业态。再次是发展乡村特色文化产业。包含乡村文化人才的培养、传统手工艺的振兴、传统节日和民间表演艺术的再现，促进文旅融合发展。

三是丰富乡村文化生活。首先是健全公共文化服务体系，包含建立健全图书馆、文化馆、综合性文化体育服务中心等基础设施，推进数字广播电视户户通，提升农村电影和农家书屋效果，推动健身设施在农村的覆盖。其次是增加公共文化产品和服务的供给，包含政府购买公共文化服务、文化结对帮扶、文艺组织惠民演出、农村科普等。再次是开展群众文化活动，包含挖掘本土文化人才、培训基层文化队伍、传承发展民间体育、开展节日民俗活动、支持文化志愿者的活动等。

（四）乡风文明建设的作用机理体现文化治理的逻辑

当下的乡村经历了城乡二元体制、城乡统筹发展和城乡融合发展等历史过程，乡风在变迁中也经历了淡化、弱化，甚至恶化的过程，因此当下的乡风文明建设是对乡风的向善引导和重塑。文明的乡风体现着乡村中私德与公德的风清气正，塑造乡风的过程亦是文化治理的过程，治理的主体是政府领导下的多元主体，客体是乡村的公共生活领域和部分私人生活领域，主体通过文化建设作用到客体，其基本作用机理如图 10-2 所示。乡风文明建设的工作首先作用在乡村的公共生活领域，着力改善乡村的文化环境、公共服务和生活体验，对村民进行规训、引导、教育，从而传导到私人生活领域中，对村民的生活习惯和思想观念产生影响。在私人生活的领域中，各项文化、教育、表彰活动，都会激活乡村自有的文化细胞，会在村民中产生一部分文明榜样、文化能人和道德模范，直观地体现乡风文明建设的价值取向。榜样言传身教的力量又会重新作用到公共生活领域，成为村民学习效仿的标杆，如此循环往复，乡村的文化氛围由内而外、由表及里得到改变，乡风自然能够得到改善。

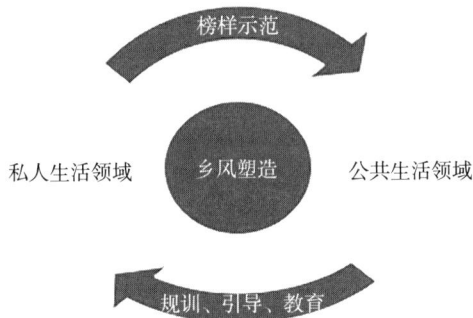

图 10-2　乡风塑造过程

三、乡风文明建设中的文化治理困境

（一）文化治理重投入轻管理

近年来，国家财政对文化事业的投入连年增长。如图 10-3 所示，从 2013 年到 2017 年，全国文化事业费支出从 530.49 亿元增长到 855.8 亿元，文化事业费总支出占全国财政总支出的比重也从 0.38％提高到 0.42％，文化事业费投入的增长对于广大乡村文化事业的发展有很大的帮助。目前，国家对乡村文化的投入主要集中于文化基础设施建设，如文化广场、健身设施、书屋、公园等一次性的基建投入，但是缺乏文化人才培养、基础设施维护等方面的经费，因此乡村的公共文化基础设施存在只管建设不管运转的现象。笔者在贵州多地的调查中发现，农民对文化站、农家书屋、健身设施这三种文化体育设施的使用率很低，即使偶尔有人使用，重复使用率同样很低。农家书屋的书大多锁在柜子里，无人翻阅，由此可以基本推断乡村公共文化设施的实际使用情况并不理想。

单位：亿元

单位：%

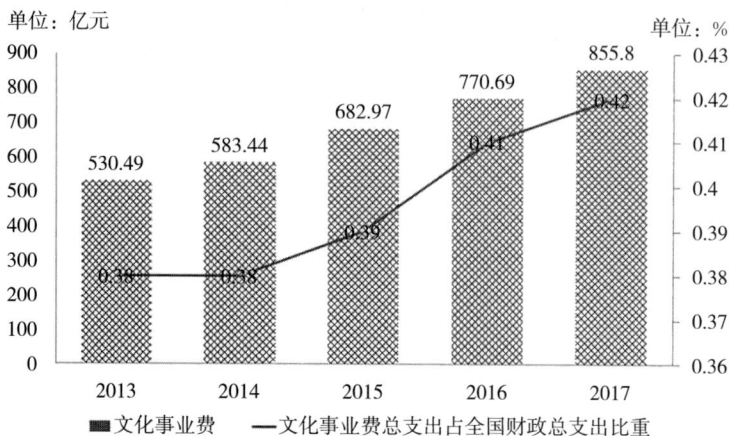

图 10-3　全国文化事业费基本情况
数据来源《中国社会统计年鉴 2018》

（二）乡村文化管理难成合力

我国现行的乡村文化管理分属多个部门，没有明确的牵头单位。在国家层面，乡村文化工作涉及多个部委。文化和旅游部涉及非物质文化遗产保护、文化产业园区建设、文化馆、基层综合性文化服务中心建设等工作；中宣部和中央文明办负责乡村意识形态建设，引领移风易俗工作，组织文明村镇、文明家庭等道德模范的评选，中宣部还负责牵头编制国家乡村振兴规划中的乡风文明建设规划；民政部涉及婚俗和殡葬改革，以及农村留守老人的关爱服务工作；农业农村部负责协调乡村产业的发展，指导农村精神文明和优秀农耕文化建设。这些部委里都有相应的司局涉及乡村文化事业。在省级层面，以浙江省为例，省民政厅负责指导养老、殡葬管理、婚姻管理工作；省农业农村厅负责农村公共服务、社会事业、农耕文化传承和保护等工作；省文化和旅游厅负责基层文化事业和文化产业发展、非物质文化遗产保护；省文物局负责历史文化名镇、名村以及传统村落的保护等工作。在乡镇层面，以浙江省平湖市林埭镇为例，文化站归入综合服务中心，乡村文化管理并未被纳入农业农村办公室的议事日程。由此可见，从国家到地方，乡村文化治理的权责颇为分散，缺乏总体牵头负责的机构，缺乏统一的规划和投入，难以形成合力。

（三）村民作为文化传承主体的内生动力不足

一方水土养一方人，地方优秀文化传统对乡风文明的影响十分重要，需要在文化治理过程中充分挖掘、传承、发展。由于我国城乡发展的不均衡，乡村青壮年人口大量流入城市以寻求个人的发展和生活条件的改善，其中还有大部分乡村的文化精英。这部分人口的流失使乡村中了解非物质文化遗产、传统民俗等文化内容的人越来越少。此外，随着城乡融合进程越来越深入，部分地区村民集体生活中互帮互助的现象越来越少了，人们更重视小家庭的发展和自我价值的实现，村民愈发显得原子化。与此同时，乡村缺乏自我组织管理的内生性社会组织，村民组织化程度越来越低，乡村文化赖以生存的亲缘和地缘关系存在着消解的危险。

（四）缺乏完善的评估机制

乡风文明程度是评价文化治理效果的重要表现，科学的、行之有效的评估指标体系，能够反映地方乡风文明建设的现实情况，但是目前而言，乡风文明建设尚未建立完善的评估机制。

表 10-1　国家及部分地方乡村振兴规划乡风文明评价指标

国家	广东省	湖北省	浙江省	山东省
综合性文化服务中心覆盖率	村综合性文化服务中心覆盖率	村综合性文化服务中心覆盖率	500 人以上村农村文化礼堂覆盖率	村综合性文化服务中心覆盖率
县级及以上文明村和文明乡镇占比	县级及以上文明村和文明乡镇占比	县级及以上文明村占比	县级及以上文明村镇占比	县级及以上文明村镇达标率
农村居民教育文化娱乐支出占比	农村居民教育文化娱乐支出占比	农村居民教育文化娱乐支出占比	农村居民教育文化娱乐支出占比	节地生态安葬率
农村义务教育学校专任教师本科以上学历比例	农村初中专任教师本科以上学历比例		农村义务教育学校专任教师本科以上学历比例	农村地区所在县学前三年毛入园率
	常住人口规模 4 000 人以上的行政村举办规范化普惠性幼儿园比例		农村幼儿园比例	
			历史文化（传统）村落保护利用完成率	

说明：国家层面的指标来源于中共中央国务院印发的《乡村振兴战略规划（2018—2022 年）》；广东省的指标来源于《广东省实施乡村振兴战略规划（2018—2022 年）》；湖北省的指标来源于《湖北省乡村振兴战略规划（2018—2022 年）》；浙江省的指标来源于《浙江省乡村振兴战略规划（2018—2022 年）》；山东省的指标来源于《山东省乡村振兴战略规划（2018—2022 年）》。

如表 10-1 所示，根据国家乡村振兴规划和广东省、湖北省、浙江省、山东省的乡村振兴规划内容，可以看到评价乡风文明建设的指标以国家乡村振兴规划为标准，各省根据具体情况有细微差异，指标主要集中于村综合性文化服务中心覆盖率、县级及以上文明村镇占比、农村义务教育学校专任教师本科以上学历比例、农村居民教育文化娱乐支出占比这四方面，前三者反映乡村社会在公共文化服务、精神文明建设、教育水平等方面的文明程度，最后一项反映村民文化生活状况。这些指标在一定程度上能够反映乡风文明建设的情况，但是也存在着指标单一、体系不完全的问题，缺乏文化设施使用频率、文化活动满足人们需要程度、人文关怀与心理疏导情况、群众文化组织状况、优秀传统文化建设情况、移风易俗程度等评价指标，缺乏阶段性的评估反馈机制，基层具体落实的时候难以找到有效的切入点。从评估主体来说，现有规划中并未明确提出建立乡风文明评估小组及其人员构成问题，责任主体并未落地。

四、文化如何治理才能达到乡风文明

(一) 明确乡风文明建设的牵头部门

要让乡风文明的各项建设任务落到实处，让文化治理更加有效，必须有效整合各方面的管理力量，形成合力。乡风文明建设涉及到多个部门，各个部门都有其相应的管理职能和分工要求，必须明确乡风文明建设的职责，不能让乡村留下建设的死角，只有这些部门共同努力，才能有效实现乡风文明建设的目标。在国家层面必须明确一个牵头部门，由宣传部门（或文明办）或农业农村部门牵头，相关部门参与，建立部际联席会议制度，定期共同讨论各个部门在推进乡风文明建设方面能做什么，将有关职能进行有效的整合。在联席会议的成员单位磨合一段时间以后，再讨论各有关部门应该做什么。这样的部际联席会议制度在省、市、县也可以参考建立，便于统一协调和管理。

(二) 构建基层协同治理机制

协同治理是多元治理主体合作共建、协调互动以达成善治的治理模式，这种模式需要完善文化治理体系，促进政府、基层组织、村民、社会组织充分发挥各自的效能。如图10-4所示，政府在文化治理中起着主导作用，需要为其他治理主体搭建平台、提供支持资金等；基层组织应发挥自治功能，充分组织、动员村民，反映村民的真实文化需求意愿；社会组织可以通过政府购买服务参与文化治理，还应大力培育乡土内生型文化组织，如戏曲队、篮球队等，吸引更多的村民参与到文化活动中。多主体的协同治理最终作用到村民本身，激发村民的主体性，培养村民的自我文化治理能力，将被动参与转换为主动出力，形成充满生机的文化氛围。

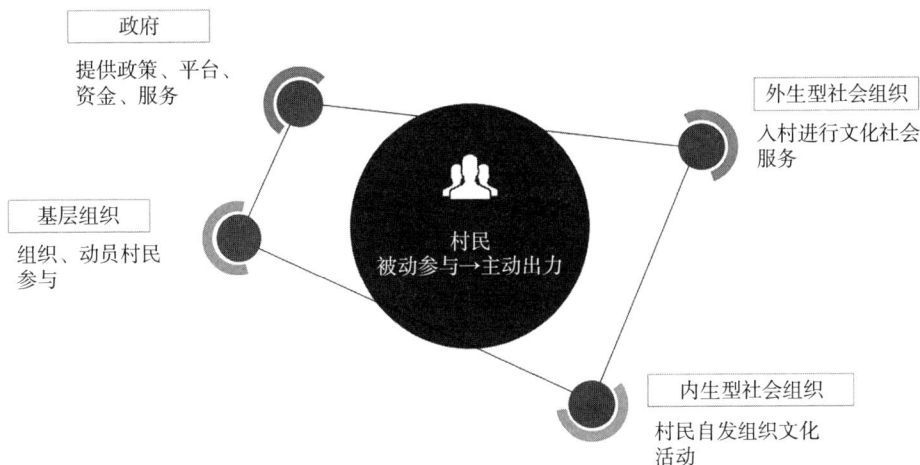

图 10-4 文化治理协同治理机制

（三）培育乡土文化人才

乡土文化人才是本土的文化精英，是乡村文化的传承者和传播者，更是养成乡村文化氛围、形成文明乡风的主力。应加大对农村文化事业的投入力度，建立专项基金，重点培养民间艺人、文化能人、文化中心户等文化骨干；加强专业培训，培养一批青年乡土文化传承者，做好传帮带的工作，保证乡土文化传承"不断流"，形成良好的乡土文化人才储备机制；同时，搭建乡土文化人才的展示平台，增加文艺汇演、诗词书画等展演活动，引导乡土文化的市场化运作，增加乡土文化人才的收入，增强传承文化的积极性，稳固乡土文化的"文脉"与"人脉"。

（四）实行地方差异化建设

根据国家乡村振兴规划的安排，乡村主要分为规模较大的集聚提升类村庄、位于城市近郊的城郊融合类村庄、极具文化传统的特色保护类村庄、不适宜生存的搬迁撤并类村庄。乡风文明建设应结合区域发展情况和不同乡村的发展现状、区位条件、资源禀赋等因素，分类推进，实行差异化发展，尤其将支持经费向前三类村庄集中。在注重不同乡村发展阶段的同时，还应充分尊重不同地区、不同民族的乡村存在的文化差异。充分挖掘本土的特色文化，以乡镇为单位，对本地发展的历史、农业生产生活、民风民俗等文化传统进行调查收集，编撰乡志、村志，充分展现地方的传统习惯、民俗风情、神话传说等内涵，在此基础上结合新时代的要求，提升乡村文化的精神内涵，创新传承与发展的方式，最大限度保护乡村的文化特质、历史文脉、民族风情。

（五）完善评估机制

乡风文明评估指标体系仍需进一步完善。一是建立评估小组。在现有体制下抽调宣传部门、文明办以及民政、文旅、农业农村等单位的同志组建乡风文明建设评估小组，明确评估的牵头单位以及评估实操的工作机制、流程等内容；二是建立完善的评估指标体系。评估指标要软硬兼备，不仅要考虑基础设施建设情况，还应考虑文化场馆、体育设施等使用频率、村民参与程度、村民对乡村两级公共文化服务满意程度等软性指标。此外，指标体系应统筹考虑乡风文明建设的多个层面，如农村思想道德建设、农村公共文化建设、优秀传统文化建设、移风易俗行动等内容，结合乡村工作实际，设置具体可操作、可对照的指标，把数量指标和质量指标结合起来，建立阶段性自评与第三方评估的机制，及时查漏补缺，提高评估的效能。

五、促进乡风文明建设的路径和政策建议

（一）我国乡风文明建设的区域特征

为反映我国不同区域的社会经济发展状况，我国的经济区域被主要划分为东部、中部、西部和东北部四大地区。东部地区包括京、津、冀、沪、苏、浙、闽、鲁、粤、琼等 10 个省（市）；中部地区包括晋、皖、赣、豫、鄂、湘等 6 个省；西部地区包括渝、川、贵、云、藏、陕、甘、青、宁、新、桂、内蒙古等 12 个省（区、市）；东北地区包括辽、吉、黑等 3 省。由于本文旨在研究我国乡风文明建设的总体区域情况，故参照东北地区单独统计前的情况，将辽并入东部地区，吉、黑并入中部地区，主要以东中西部地区为主要研究对象。

1. 东中西部农村居民可支配收入有较大差距，但教育文化娱乐支出大多超过或接近全国平均水平，需求较为旺盛 近年来，我国农村居民人均可支配收入不断提高，如图 10-5 所示，从 2015 年到 2017 年，东中西部三大区域农村居民可支配收入增幅较为平稳，地区之间仍存在较大差别，2017 年东中西部相关可支配收入分别为 16 822 元、12 806 元、10 828 元。在支出上（图 10-6），2017 年，我国农村居民人均消费支出全国平均数为 10 954 元，其中教育文化娱乐支出为 1 171 元，占比 10.69％。分地区来看，除海南省和河北省外，我国东部地区农村居民的人均消费支出普遍高于全国平均水平，教育文化娱乐支出中，浙江省、江苏省、天津市、北京市的相关支出超过 1 300 元并依次递减，其余东部地区省市相关支出在全国平均数上下徘徊；中部地区除

山西省农村居民人均消费支出为 8 424 元外，其余省份的消费支出均接近全国的平均水平，教育文化娱乐支出中，湖南省的教育文化娱乐支出为 1 710 元，远高于东部地区的省份，居于全国第一，湖北省的相关支出超过 1 300 元，其余省份的相关支出接近全国平均水平；西部地区农村居民人均消费支出有较大差异，其中内蒙古自治区、重庆市、四川省的消费支出高于全国平均水平，西藏自治区的相关支出低至 6 692 元，其余省市区的普遍低于全国平均水平，在 9 000 元左右。教育文化娱乐支出中，内蒙古自治区的支出为 1 639 元，仅次于湖南省位于全国第二位，值得注意的是，虽然西部地区整体消费支出少于东部和中部地区，但是教育文化娱乐支出却普遍占比较高，除四川、西藏、甘肃、青海、新疆外，其余省份的相关支出均高于 1 000 元，超过总体消费支出的 11%。由此看来，在农村居民人均可支配收入增长的条件下，东部、中部大部分地区和西部部分地区的农村居民的人均消费在全国平均水平以上，除少数省份，三大地区农村居民在教育文化娱乐支出上大多数超过或接近全国平均水平，反映了我国农村居民在教育文化娱乐的消费上面受地域限制较小，普遍存在需求，尤其是中部、西部地区，虽然人均收入比东部地区少，但是教育文化娱乐消费并不低于东部地区，教育文化需求较旺盛，消费热情较高。

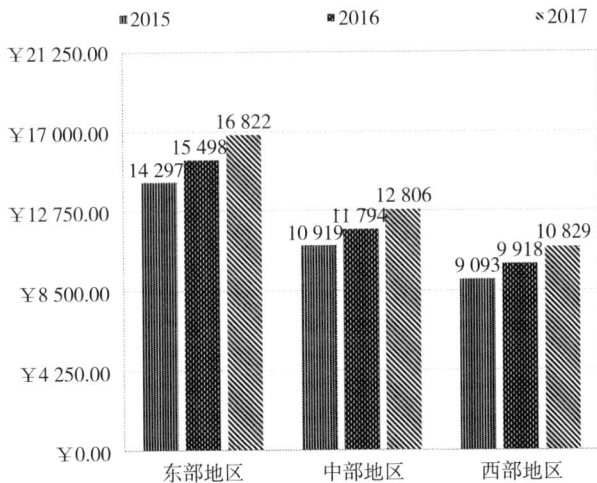

图 10-5　东中西部地区农村居民人均可支配收入情况（元）

数据来源：中国社会统计年鉴 2018

2. 东中西部文化事业费支出差异较大，东部地区和西部地区文化事业费占财政支出比重较为均衡，中部地区文化事业费支出相对不足　文化事业费是国家用于发展社会文化事业的经费支出，一定程度上可以反映地区对社会文化事业的重视程度和发展水平。如图 10-6 所示，东部地区除海南省外，在文化事业费的投入上普遍超过 18 亿元，广东省投入额最多，超过 81 亿元。在投入占财政支出比重上面，除河北省外，平均在 0.5% 左右，浙江省投入占比最高达到 0.79%，其次是海南省，达到 0.63%。可见，东部地区在文化事业费的投入上由于地方财力不同在数额上有较大差异，但在占财政支出比重上较为均衡，可以推测东部地区对社会文化事业普遍较为重视，有能力有意愿投入资金促进社会文化事业发展。

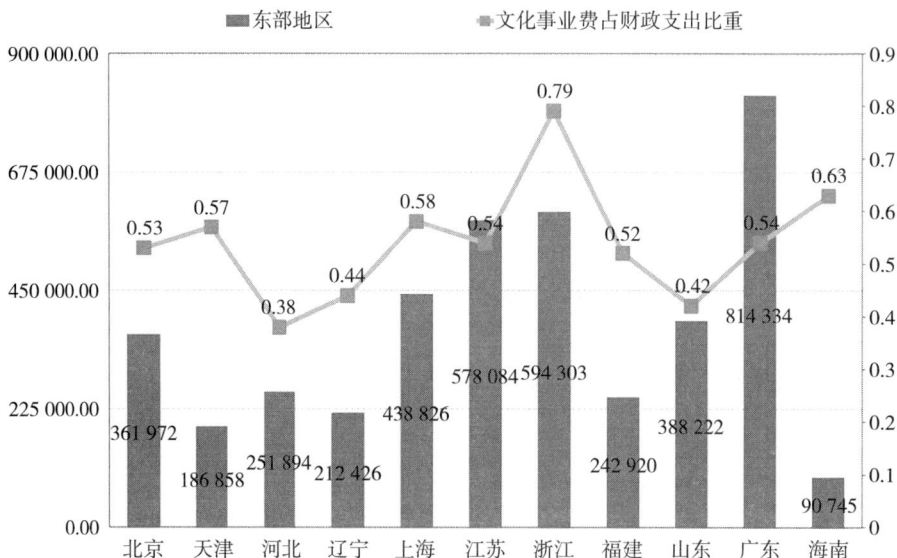

图 10-6　东部地区文化事业费及占财政支出比重（万元，%）

数据来源：中国社会统计年鉴 2018

中部地区的文化事业费情况如图 10-7 所示，中部各省的文化事业费普遍高于 15 亿元，湖北省在中部地区的文化事业费投入最高，达到 34 亿元，中部省之间文化事业费数额有一定的差异，但较之东部地区之间的差异较小。在文化事业费占财政支出比重方面，山西省和湖北省高于 0.5%，其余几省介于 0.3%～0.4% 之间，比重偏低。

西部地区文化事业费的情况如图 10-8 所示，除西藏、青海、宁夏的文化事业费在 9 亿元以下外，其余省份的文化事业费均在 16 亿元以上，四川省更是超过 41 亿元，接近上海市的支出水平。受地方财力影响，西部地区文化事业费支出额差异较大，但是占地方财政支出的比重相似，普遍在 0.4%～0.6% 之间。

总体看来，我国三大地区在文化事业费上皆有一定投入，这在很大程度上利于乡村社会文化事业的发展，由于地方财政实际情况不同，地区间文化事业费的支出有很大差异。从文化事业费占财政支出比重来看，东部地区和西部地区的比重平均在 0.5% 以上，中部地区除山西省和湖北省比重超过 0.5%，其余几省均低于 0.4%，文化事业费支出相对不足。

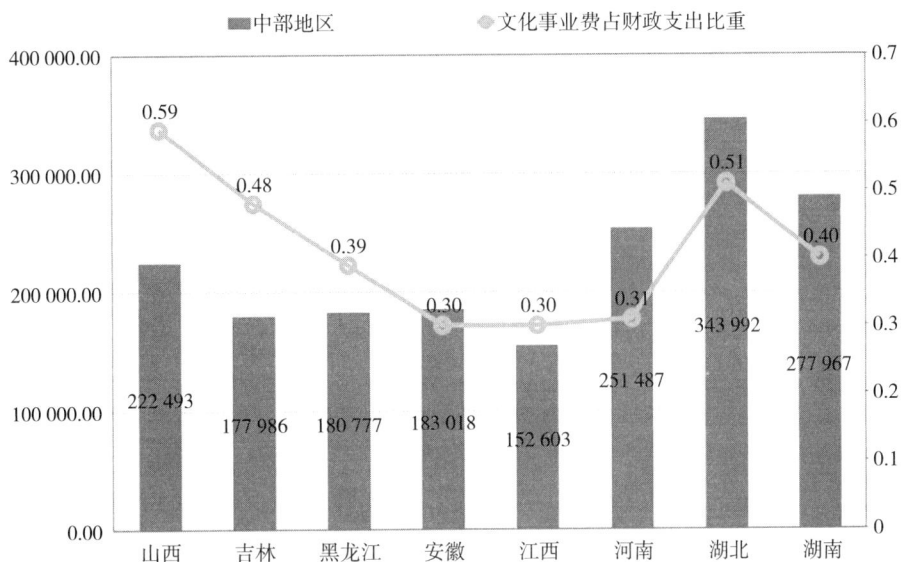

图 10-7 中部地区文化事业费及占财政支出比重（万元，％）

数据来源：中国社会统计年鉴 2018

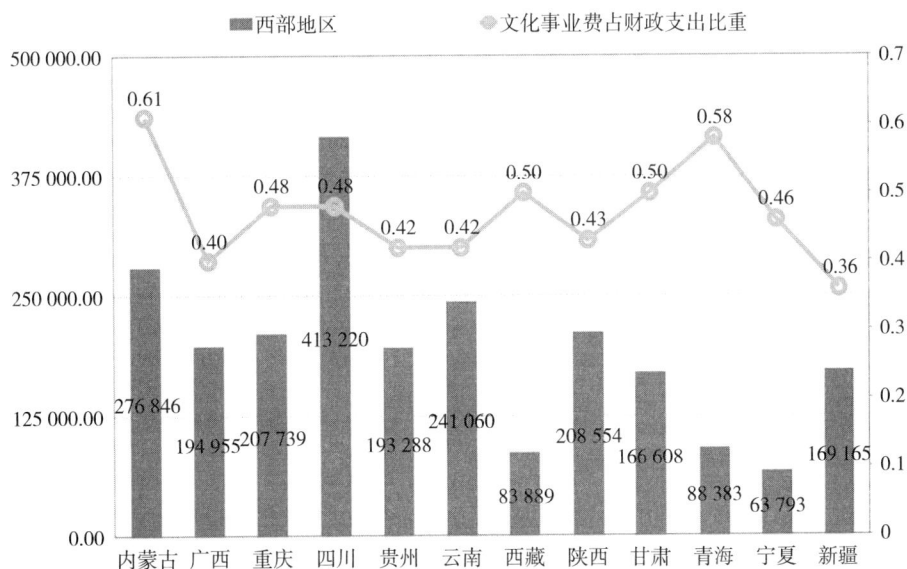

图 10-8 西部地区文化事业费及占财政支出比重（万元，％）

数据来源：中国社会统计年鉴 2018

3. 乡村公共服务供给总体不足，东中西部区域间及区域内部供给不均衡性明显 2017 年，我国社会服务事业费支出 5 932.7 亿元，比上年增长 9.1％，占国家财政支出比重为 3.4％。社区服务方面，截至 2017 年底，全国共有各类社区服务机构和设施 40.7 万个，其中农村社区服务指导中心 16 个，农村社区服务中心 1 万个，农村社区服务站 7.5 万个，全国社区服务中心（站）覆盖率为 25.5%，其中城市社区服务中心（站）覆盖率达 78.6%，农村社区服务中心（站）覆盖率仅有 15.3%，社区服务城乡之间差距明显。

养老服务方面，2017 年，全国 60 周岁及以上老年人口 24 090 万人，占总人口的 17.3%，其中 65 周岁及以上老年人口 15 831 万人，占总人口的 11.4%，社会老龄化趋势明显。同年，我国农村地区养老服务机构共 15 006 个，年末收养人数超过 101 万人，农村养老机构数量和收养人数总体偏少。全国范围来看，农村养老机构数量过千的省份是四川、江苏、湖南、湖北，分别为 1 877 个、1 252 个、1 132 个、1 103 个，低于百的省份是海南、西藏、青海、宁夏、广西、天津、福建。分地区来看，东部地区农村养老机构数量占全国总数的 35%，分布不均衡性明显；中部地区农村养老机构数量占全国总数的 36%，除山西、黑龙江相对较少外，分布较为均衡；西部地区农村养老机构数量占全国总数的 27%，除四川、贵州、重庆相对较多外，其余地区，尤其是西北地区农村养老机构数量偏少。

4. 东中西部文化体育基础设施建设势头良好，体育锻炼比例有所增长
2018 年，国家统计局年度数据显示，我国农村地区广播节目综合人口覆盖率达到 98.9%，电视节目综合人口覆盖率达到 99.3%，在全国绝大部分农村范围内基本实现了广播电视节目综合人口全覆盖。体育运动方面，据第六次全国体育场地普查的统计数据，2013 年我国乡村地区体育场地共 67.97 万个，场地面积 6.12 亿平方米，其中大部分为室外体育场地。据全民健身活动状况调查，2014 年，我国 20 岁以上的城乡人口参加过体育锻炼和经常参加锻炼的比例比 2007 年的数据都有明显增长，尤其是参加过锻炼的比例平均增长 10%；20～29 岁人口中，参加过锻炼的比例最高，为 48.2%；50～69 岁人口中经常参加锻炼的比例超过 18%。文化机构方面，2017 年我国乡镇文化站共有 41 193 个，全国乡镇级行政区划共有 39 862 个，总体乡镇文化站覆盖率为 103.3%。分区域如图 10-9 所示，总体来看，我国东部、中部和西部地区基本实现了乡镇文化站全覆盖，其中中部地区覆盖率最高，达到 107.8%；西部地区其次，达到 102.9%；东部地区相对较低，达到 99.4%。由此可推断中西部地区较为重视乡镇文化站的建设。

5. 义务教育阶段乡村师资学历总体欠佳，东部地区的学校师资学历稍优于中西部地区，中西部地区学校的师资资源存在明显短板 据教育部的抽样调查数据，2016 年我国文盲人口共 50 980 人，文盲人口占 15 岁及以上人口比重为 5.28%，教育是一个国家文明进步的基石，从数据中来看，我国仍有一部分青壮年和老年人口在受教育程度上面极度欠缺。分地区来看，东部地区文盲

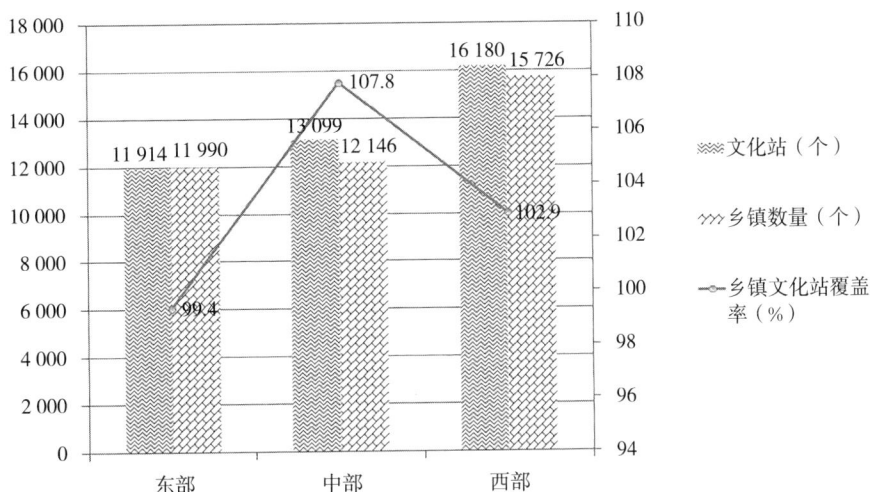

图 10-9　东中西部乡镇文化站数量及覆盖率（个，%）

数据来源：中国社会统计年鉴 2018

人口占全国文盲总人口的 36%，其中山东、江苏、浙江、广东、河北五省的文盲人口超过了 2 千人，文盲人口占 15 岁及以上人口比重的指标中，山东、福建、浙江、江苏四省超过了全国平均值，最高为山东省达到了 6.56%；中部地区占 28%，其中河南、安徽、湖北三省的文盲人口超过 2 千人，文盲人口占 15 岁及以上人口比重的指标中，除安徽省达到 6.81% 外，其余几省均低于或略高于全国平均值；西部地区占 37%，其中四川、贵州、云南的文盲人口超过了 2 千人，四川省达到了全国最高值 4 799 人，西部地区文盲人口占 15 岁及以上人口比重的指标值比较突出，西藏地区虽然文盲人口仅 871 人，但相关比例达到 41.12%，此外青海、贵州、甘肃、四川、云南等省的相关比例均超过 8%，加强青壮年及老年人口教育的客观需求十分迫切。

我国乡村地区的教师资源在学历和数量上远远逊色于城市地区，从全国范围来看，我国乡村义务教育阶段的师资学历普遍集中于本科毕业和专科毕业，东部地区的学校师资学历稍优于中西部地区，中西部地区的师资资源较为欠缺。具体而言，我国乡村小学专任教师学历整体以专科毕业和本科毕业为主，分别占到 49% 和 42%，高中阶段毕业学历在乡村小学专任教师中也占有 8% 的比例；乡村小学研究生毕业师资共 5 296 人，东部地区占 52%，中部地区占 30%；高中阶段毕业师资有 75% 分布在中西部地区，高中阶段毕业以下专任教师 70% 分布在西部地区。乡村初中专任教师学历整体以本科毕业为主，占 77%；专科毕业为辅，占 21%；乡村初中研究生毕业师资全国共 5 313 人，东部地区占 46%，中部地区占 34%，西部地区占 20%；高中阶段毕业师资 88%分布在中西部地区，高中阶段毕业以下专任教师 82%分布在中西部的乡村学校中。

（二）乡风文明建设的原则

1. 整体推进 实现乡风文明是乡村振兴战略的重要内容，需要从整体战略高度通盘考虑，制定具体可行的合理规划。整合可利用的资源，促进城乡间优质要素的流动，依托小城镇带动乡村发展，在资金、人才、技术等方面综合筹划，予以政策倾斜，既要发展地方经济，也要改善人居环境；既要提高人民生活水平，也要优化社会治理方式，在整体发展中提升乡风的文明程度，实现经济、文化、社会的系统发展、全面转型升级。

2. 因地制宜 由于区域间资源禀赋存在明显差异，且不同地区社会经济发展存在不平衡性，东部地区、中部地区和西部地区的乡风文明建设情况，受经济发展状况、区域开放程度、民族特征、文化禀赋等因素影响，存在明显差异。建设乡风文明，应尊重区域间的差异性和文化的生存土壤，因地制宜，依据地区资源禀赋和有利发展方式引导乡风文明建设，避免把模式样板生搬硬套。

3. 循序渐进 乡风是受地方文化长期浸润形成的社会风气，乡风的产生和发展有其自身的规律，建设乡风文明是一项长期的任务。各地方应根据实际情况，循序渐进引导当地挖掘、保护、传承乡村优秀文化因素、整合村规民约，弘扬善人善举，慢慢把正能量的价值观注入村民的日常生活，通过内外兼修改善乡村的整体风气。

4. 激发内生动力 建设乡风文明，需要政府加强重视，政策上大力支持，但是想要发展具有可持续性和源源不断的动力，更需激活当地村民的主体性，培养并提升农民的自我发展能力，通过教育、宣传、带动等方式，转变当地人的价值观念，树立文化自信，积极参与到乡风文明建设的队伍中来。

（三）推进乡风文明建设的政策建议

1. 加强农村基层组织建设 一是加强村级党组织建设。农村基层党组织是实现党在农村工作的组织者和执行者，加强党在农村的组织建设，是加强党在农村各项工作实施力度的有力保障。基层党组织应加强对乡风文明建设的重视程度，把这项工作列入乡村振兴战略的重点工作来抓，加强学习，把握好乡风文明建设的内容和方向。二是加强村民委员会建设。发挥村委会在乡风文明建设中的组织实施和管理职能，切实利用起乡村各项文化设施，提高使用频率和效果，组织各项教育、文化、娱乐活动，丰富村民的精神生活。三是加强农村社会组织建设。农村社会组织有农村社会团体和农村民间组织两种类型，社会团体如农村共青团组织、农村妇联组织，农村群众组织如老人协会、乡贤理事会、民歌会、秧歌队等，应大力支持农村社会组织的活动，填补政府公共文化产品和服务的供给空缺，及时反映并满足村民的合理文化诉求。

2. 加快发展农村公共文化事业　一是完善农村文化基础设施建设。在扩大农村广播、电视、网络覆盖面的同时，推进文化礼堂、文化广场、体育场所等设施的建设，为村民提供充足的图书报刊、电脑、体育用品、健身器材等设施，并指派专人管理。加大文化资源向农村的倾斜，提高村级文化场所的数字化信息服务能力。二是提高公共文化设施的使用效率。在现有农村文化基础设施的基础上，根据实际情况调整并完善设施的分布和使用方式，如整合资源建立较大的乡镇图书馆和图书馆分馆，各村共建共享，征集村民、特别是青壮年村民的阅读需求，根据需求充实图书馆馆藏。三是加强农村文化人才队伍的建设。应充分发挥乡镇文化站和文联的职能，组织文化专业人才、文化能人、民间艺人对农村文体组织和个人进行培训，提升专业技能，扶植地方戏曲、舞龙舞狮、广场舞、书法绘画、诗歌等文化活动的开展。

3. 夯实乡风文明建设物质基础　一是增加乡风文明建设经费投入。建立健全中央财政对经济欠发达地区文化建设的转移支付制度，增强文化建设相关资金向农村倾斜的力度，增加文化事业费在地方财政支出中的比重。建立县、乡、村三级财政投入机制，将文明村镇等创建活动经费列入财政计划，设立专项资金，提供必要的物质条件，避免因经费不足而忽略乡风文明建设的问题。二是完善农村产业结构。调整并完善农村的产业结构，挖掘并发展特色产业，鼓励农村文化产业发展，增加乡风文明建设的自身"造血"功能。三是扩宽投融资渠道。建立健全规范的筹资机制，扩宽融资渠道，鼓励社会资本和个人参与乡风文明建设。

4. 完善农村教育培训体系　一是提升农村义务教育阶段师资质量。切实提高农村教师的工资待遇，增加偏远地区教师补贴，依法为农村教师缴纳住房公积金和各项社会保险，通过平衡城乡之间教师待遇差异，吸引优秀的人才投身乡村教育。同时加强对农村教师教学能力、课程设计等方面的培训，提高教学质量。二是完善农村成人教育体系。通过教师亲授和远程教育等方式，围绕素质教育、职业技能培训等方面内容，对农民进行培训，提高农民的技术素养和职业水平。三是倡导品德教育。村级活动中心可以加强与学校、国学馆等机构的联系，邀请优秀教师开展关于家庭教育、伦理道德、农耕文化等内容的讲座，提高文化自信，引导村民的价值观向好向善发展。

浙江省长兴县的"和文化"

近年来，浙江省长兴县大力开展"和文化"县域道德品牌建设，从"个人素养、家庭关系、事业发展、社会管理、生态环境"等五大领域着手，把"和文化"细化为"人心和善、家庭和睦、事业和合、社会和谐、环境和美"五大目标，系统策划、有序推进，形成了"人人认同、人人践行"的良好氛围，有效地推进了社会主义核心价值观落细、落小、落实，促进了社会主义精神文明建设。

一、立足个人素养，注重美德弘扬，促进"人心和善"

长兴县把提升个人素养作为"和文化"建设的第一步，以"最美长兴人"评选活动为载体，不断激发民间的道德自觉，营造"人人和善"的良好氛围。一是建立"日日寻美"机制。开设"寻找最美长兴人"栏目，按照"日寻一美"的频率，聘任一批民间"最美寻访员"，全县上下涌现了"全国道德模范"严根妹、"中国好人"楼伯余、"全国十佳最美孝心少年"徐沁烨等县级以上先进典型300余人。二是营造"人人学美"氛围。组建"最美长兴人"宣讲团队，每年组织开展"最美人物"事迹宣讲会150余场。以"最美人物"为原型，创编情景剧《割肝救夫巾帼赞》、《最美嫁妆》等30余个主题节目，走村入户开展巡回演出。编制"最美长兴人"宣教读本5万余册，分发到全县各个文化礼堂、农家书屋、社区学校。三是落实"处处帮美"政策。长兴县出台了《关爱道德模范生活补助办法》，建立"新天龙"等道德建设基金，对生活困难的道德模范给予健康体检、交通出行、文化消费、通讯服务、水电支出、子女教育、节庆慰问等15个方面的关爱激励。

二、立足家庭关系，注重家风建设，促进"家庭和睦"

长兴县把家风建设作为"和文化"建设的重要环节，通过"好家风"，带动"好民风"，进而营造和睦相处、同舟共济的社会风尚。一是传承家规家训。大力开展"立家规、传家训、树家风"活动，全县共收集家规家训358篇，并将优秀作品编辑成册放在道德讲堂、文化礼堂等场所进行宣传展示。制作传家宝2万余份，发放到千家万户，鼓励各个家庭"写家规、立家训"，通过家规、家训促进"家庭和睦"。二是和睦邻里邻外。以文化礼堂、道德讲堂、社区学校为阵地，开展"我们的节日"、"邻里节"等主题活动，通过文娱活动，让广大群众走出小家庭，融入大家庭，实现"相知、相识、相融、相和"，推动邻里邻外和睦相处。三是教化村风民风。充分发挥行政村、社区的自治作用，组建"道德理事会"、"和谐共建会"等群众评议组织，由群众评、群众议，先后评选"十星级文明户"1 228 户，"最美家庭"125 户，何莲芳家庭荣获全国"最美家庭"提名。广大群众的参评过程成为了自我教育的过程，身边的榜样可亲、可敬、可学，有效引领了良好的社会风尚。

三、立足事业发展，注重企业文化，促进"事业和合"

长兴县以企业为主体，推广企业"和合"文化建设，最大限度地激发企业和职工的创业热情、创新潜能，增强企业核心竞争力。一是加强职工人文关怀。在 600 余家规模以上企业中推行党群互助会、困难职工救助、"1＋1 互助基金"等机制，累计解决了 5 000 余名职工的临时困难，涉及资金 620 余万元；重视职工精神健康，"企业老娘舅工作室"、"企业员工心灵港湾"工作覆盖全县 2 000 余家企业，协助排除各类矛盾纠纷 5 200 余起，落实职工法律援助 820 余例。二是引导企业合作共赢。推广超威集团与分公司的"风险共担、利益共享"的合作模式，全县有 32 家规模以上企业与子公司组建联合体，实现了母子公司在采购、技术、工艺、品牌、品质、销售、管理上的共享。同时，先后有 12 家行业龙头企业通过股票期权、购房补贴等途径，吸引聚集了 60 余位行业顶尖专家加盟。三是倡导企业反哺社会。鼓励企业积极参与全县慈善大会，围绕帮扶救困、重大自然灾害救助、爱心助学、"五水共治"等公益事业，三年来全县企业累计捐资达到 3 600 万元。天能、永达等 146 家企业还与所在村结对共建，其中新川村、新港村等共建村的人均纯收入超过了 25 000 元。长兴蓄电池行业协会、耐火行业协会还在行业龙头企业的牵头下向社会发布了环保承诺自律公约，相关行业近年来未发生一起环境污染责任事故。

四、立足社会管理，注重机制推动，促进"社会和谐"

长兴县从文明指数测评、宣传引导、志愿服务等多方位入手，不断优化社会管理机制，全面推进"社会和谐"。一是开展文明指数测评。围绕"态度和气、管理和谐、环境和美"等方面，形成文明指数测评体系，每季度对全县 62 家窗口单位、102 家机关单位、25 家建成区学校开展文明指数测评，测评成绩在县级新闻媒体上进行公布。二是实施系列宣传引导。成立"和文化"建设办公室，开展"和文化"座谈会、演讲征文等系列主题活动，制作大型"和文化"公益广告 50 多处，文化墙 100 余面。以"和文化"为主题，组织文艺家"八进"活动，创作"和文化"相关文艺作品 800 余件。通过文化礼堂"点餐制"的形式，开展各类"和文化"相关演出 300 余场，营造了和乐融融的良好氛围。三是规范志愿服务机制。出台《长兴县志愿服务制度化建设实施意见》，规范了志愿者招募注册、星级评定等各项制度。推动县级志愿服务总站向社区、行政村辐射，建立了 200 多家志愿服务点，共有注册志愿者 21 350 人，各类公益组织 52 家，每年开展文明劝导、政策宣讲、帮扶结对等志愿活动上万余场次，有力促进了"社会和谐"。

五、立足生态环境，注重城乡联动，促进"环境和美"

长兴县大力开展生态治理行动，稳步推进美丽县城和美丽乡村建设，成为全省美丽县城建设试点城市之一，并先后建成美丽乡村 151 个，逐步形成了人与自然和谐相处的良好态势。一是开展行业整治。本着"绿水青山就是金山银山"的理念，县委县政府以壮士断腕的决心和勇气，以打造产业转型升级示范区为目标，先后开展了铅酸电池、石粉建材、物流码头、耐火材料、畜禽养殖等一系列行业专项整治，关停并转企业上千家，促进了传统产业的转型升级，达到了凤凰涅槃的新境界。长兴县在经济社会发展的过程中，城乡生态环境也得到了极大改善，荣获国际花园城市金奖、国家生态县、中国人居环境奖等诸多荣誉。二是建立竞赛机制。注重城乡联动，全面实施"城区创建竞赛、乡镇创建竞赛、社区创建竞赛和美丽乡村长效管理"四位一体的竞赛机制，加快数字城管建设，推进城区"一把扫帚扫到底"环卫体制改革，出台美丽乡村"十有十无"标准，对基础设施、日常管理、生态环境等方面进行量化打分，实行每月一检查、每季一公布、年终总排名，考核结果在县级媒体上进行公布。6 年来，竞赛平均成绩从 74.21 分上升到 93.66 分。三是动员全民参与。对全县城乡重要的河道和路段，全面实施"路长制"、"河长制"管理办法，由县领导、乡镇部门领导担任路长、河长，明确责任抓好常态化管理，并带头参加负责区域的志愿活动。在"乡村美容师"常年保洁的基础上，坚持"乡镇干部每周劳动半天、村干部每天劳动 1 小时"等环境美化志愿活动。干部带头激发了广大民众的参与热情，城乡面貌越来越新，环境越来越美。

第十一章
凝聚乡村振兴的强大精神力量

2021 年 7 月 1 日，习近平总书记在庆祝中国共产党成立 100 周年大会上向全世界宣布"在中华大地上全面建成了小康社会，历史性地解决了绝对贫困问题"，我们正在向着全面建成社会主义现代化强国的目标迈进。同时，对伟大建党精神作出了深刻阐释，思想精辟、内涵丰富、意义重大。在党的百年奋斗历程中，三农问题始终贯穿革命、建设、改革的各个时期。在寻求解决三农问题过程中，党领导我们煅造了南泥湾精神、红旗渠精神、北大荒精神、改革开放精神、塞罕坝精神、脱贫攻坚精神、"三牛"精神等，使我们实现了从饥饿到温饱、再到小康、直至全面建成小康社会的历史性跨越，这些精神是伟大建党精神谱系的重要组成部分。当前，三农工作重心已经从脱贫攻坚转向全面推进乡村振兴，实施乡村振兴战略的深度、广度、难度都不亚于脱贫攻坚。我们必须弘扬伟大建党精神，更好地鼓舞激励党员干部弘扬光荣传统，增强"四个意识"，坚定"四个自信"，做到"两个维护"，为新时代全面推进乡村振兴战略注入强大动能，为全面实现农业农村现代化的宏伟目标凝聚起奋勇前进的强大精神力量。

一、让"脱贫攻坚精神"成为乡村振兴的源头活水

"上下同心、尽锐出战、精准务实、开拓创新、攻坚克难、不负人民"的脱贫攻坚精神，是党领导全国人民在开展脱贫攻坚伟大斗争中煅造形成的，是中国共产党性质宗旨、中国人民意志品质、中华民族精神的生动写照，集中体现了爱国主义、集体主义、社会主义思想，充分彰显了中国精神、中国价值和中国力量，赓续传承了伟大民族精神和时代精神。正因为有这一精神，党带领全国人民打赢了脱贫攻坚战，创造了彪炳史册的人间奇迹。脱贫攻坚取得全面胜利后，要全面推进乡村振兴。实施乡村振兴贯穿于全面建设社会主义现代化国家全过程，不能急于一时，也不能寄于一事，必须有强大的精神支撑才能走得久远。保障国家粮食安全、实施乡村建设行动、发展壮大乡村产业、实现共同富裕等每一件事都需要长远谋划、认真落实。

全面推进乡村振兴必须发扬脱贫攻坚精神，开掘"源头活水"，真正激发起各个参与主体的内生动力和城乡居民参与的积极性。基层领导干部必须提高

政治站位，稳住心、沉下身，带领人民群众共同向实现农业农村现代化的目标奋斗；一线工作人员要加强作风建设，精准务实，以严实的作风把乡村振兴各项工作做到深处、落到实处；广大农民要强化主体意识和建设意识，增强对乡村振兴的责任感和认同感；乡村振兴的相关参与主体要开拓创新，打造支柱产业，结合市场规律，构建合理的产业发展模式，创建地域特色品牌，打造特有"拳头产品"，为乡村振兴奠定扎实的产业基础。

二、让"红旗渠精神"等精神在乡村振兴中永葆活力

"自力更生、艰苦创业、团结协作、无私奉献"的红旗渠精神，是党带领勤劳勇敢的 30 万林州人民修建红旗渠过程中形成的；"自力更生、艰苦奋斗"的南泥湾精神，是党带领抗日军民在南泥湾大生产运动中创造的；"忠于使命、艰苦奋斗、科学求实、绿色发展"的塞罕坝精神，是党领导建设者们在"黄沙遮天日，飞鸟无栖树"的荒漠沙地上创造的，这些都是中华民族"愚公移山"精神的延续，也是萃取探索自然规律、科学发展的实践精华。实现"农民富"不是"等靠要"就能实现的，实现"农业强"不是以过度掠夺资源为代价的，实现"农村美"不是敲锣打鼓就能实现的，奋斗是实现幸福的必由之路。只有通过自力更生艰苦奋斗，才能缩小我们和发达国家的差距，才能解决人民日益增长的美好生活需要和不平衡不充分的发展之间的矛盾。只有秉持绿色可持续的发展理念，才能保持乡村的绿水青山，进而转化为金山银山。

实现伟大的梦想，离不开筚路蓝缕、胼手胝足的艰苦奋斗。必须发扬红旗渠精神等，主动接过先辈艰苦奋斗的接力棒，传承自力更生、艰苦奋斗的传统美德，坚守团结协作、无私奉献的品格，永葆不畏艰险、锐意进取的奋斗韧劲。实现乡村生态、文化等多元价值，必须牢固树立"绿水青山就是金山银山"的理念，坚定走可持续发展之路，在保护好生态前提下，加强农村生态文明建设；必须遵循乡村自身发展规律，保留乡村风貌，充分体现农村特点，留得住青山绿水，记得住乡愁。只有"一件事情接着一件事情办，一年接着一年干"，才能让广大农民群众在乡村振兴中有更多获得感、幸福感。

三、让"改革开放精神"成为深化农村改革重要支撑

"开拓创新、勇于担当、开放包容、兼容并蓄"的改革开放精神，是中国共产党在改革开放实践、探索和发展中国特色社会主义事业的历史时期中所形成的精神品格。中国改革发轫于农村，农村改革是党领导下的我国农民的伟大创造，改革的先锋具有开拓创新、勇于担当的精神品格，开放包容、兼容并蓄也是农村改革应有之义。党领导农村改革从安徽省凤阳县小岗村开始，借鉴人类文明的优秀成果，向世界、向工业、向城市学习先进理念、技术和管理，经

过 40 多年的发展，农民生产积极性得到极大的提高，农村经济发展实现了历史性跨越，农村居民收入水平持续提高，粮食和重要农产品产量不断跃上新台阶，绝对贫困彻底消除，农村面貌发生了翻天覆地的变化。在经济全球化背景下，中国农业开放立足于面向国内外两种资源和两种市场，在国际分工中不断克服资源短缺的问题、不断融入世界贸易体系、不断拓展对外开放的广度和深度，优化资源配置，提升农业的国际竞争力，为全球农业农村发展贡献了中国经验和智慧。

习近平总书记指出，40 年前，我们通过农村改革拉开了改革开放的大幕，40 年后的今天，我们应该通过振兴乡村，开启城乡融合发展和现代化建设新局面。改革开放再出发，乡村振兴在路上。改革开放是乡村振兴的重要法宝，要利用改革开放精神，解放思想，逢山开路、遇河架桥，破除体制机制弊端，突破利益固化藩篱，坚持和完善农村基本经营制度，坚持农村土地集体所有，坚持家庭经营基础性地位，坚持稳定土地承包关系，尊重基层和群众创造，在重要领域和关键环节取得突破，推动农村发展不断向纵深推进，让农村资源要素活化起来，让广大农民积极性和创造性迸发出来，让全社会支农助农兴农力量汇聚起来，为实施乡村振兴战略、加快推进农业农村现代化提供强大动力。要研究并参与国际规则的制订，完善农业支持保护制度。

四、让"北大荒精神"等成为乡村振兴行动自觉

"艰苦奋斗、勇于开拓、顾全大局、无私奉献"的北大荒精神，是黑龙江垦区广大人民群众在 60 多年的开发建设中，用青春与汗水、鲜血、生命培育和锤炼出来的，是英雄的北大荒人的政治觉悟、精神境界、道德情操、意志品格、行为规范和工作作风的集中体现。北大荒人有着崇高的责任感和使命感，他们"急国之急、想国之想"，不讲条件不讲代价，用自己的生命和汗水证实了对祖国的赤胆忠心。经过三代北大荒人的艰苦奋斗，黑龙江垦区已经发展成为我国耕地规模最大、现代化程度最高、综合生产能力最强的国家重要商品粮基地和粮食战略后备基地。"执着奋斗、求实创新、情系三农、服务人民"的祁阳站精神，是新时期农业科技工作者在开展农业科技研究中创造的宝贵精神财富，不仅传承了我们党和民族光荣的历史传统，同时也具有鲜明的时代特征。农业科技工作者以祁阳站为家，和广大农民想在一起、干在一起，不畏艰辛、执着奋斗、实践探索，攻破了一系列生产实际和重大科学问题。

全面推进乡村振兴，实施乡村建设行动需要顾全大局，把北大荒精神等变成行为的自觉，顾全大局，把公共基础设施建设的重点放在农村，在推进城乡基本公共服务均等化上持续发力，加强普惠性、兜底性、基础性民生建设，推动人才、土地、资本等要素在城乡间双向流动。落实乡村振兴的各项任务，需

要以人民为中心的觉悟，需要持之以恒的决心，需要顽强拼搏的斗志，并将其转化为乡村振兴的自觉行动，还需要各类要素的整合，需要强大科技的支撑等。实施"藏粮于地、藏粮于技"战略，需要广大科技人员增强创新意识、奋斗意识和奉献意识，营造积极进取、扎实工作、争创一流的良好氛围，为乡村振兴提供强大的科技支撑。

五、让"三牛精神"在乡村振兴中持续发力

习近平总书记强调要发扬"为民服务孺子牛，创新发展拓荒牛，艰苦奋斗老黄牛"的"三牛精神"，在全面建设社会主义现代化国家新征程上奋勇前进。"孺子牛""拓荒牛""老黄牛"都是家喻户晓的美好形象，蕴含着深厚的文化意象，拥有中国人民自强不息、砥砺奋进的精神密码。习近平总书记指出，各地区各部门要充分认识实施乡村振兴战略的重大意义，把实施乡村振兴战略摆在优先位置，坚持五级书记抓乡村振兴，让乡村振兴成为全党全社会的共同行动。各级领导干部以"功成不必在我，功成必定有我"的担当投入到全面推进乡村振兴战略中，乡村振兴的各项工作开局、起步良好，有一些地方取得了阶段性成果，全社会积极推进乡村振兴战略的局面已经形成。

习近平总书记指出："实施乡村振兴战略是关系全面建设社会主义现代化国家的全局性、历史性任务。要有足够的历史耐心，把可能出现的各种问题想在前面，切忌贪大求快、刮风搞运动，防止走弯路、翻烧饼。"这就需要强大的精神力量作支撑。站在"十四五"新起点上，就要做为民服务的"孺子牛"，默默无闻、脚踏实地、任劳任怨，体现出强烈的为民初心和使命担当；要做创新发展的"拓荒牛"，强化创新引领，把先进的思路融入到推动乡村振兴事业中，探索独具特色的发展模式，发掘乡村功能价值，全面推进乡村新产业新业态新势能；要做艰苦奋斗的"老黄牛"，传承勤俭节约、白手起家的传统美德，坚守不怕牺牲、甘于奉献的无私品格，永葆不畏艰险、锐意进取的奋斗韧劲。要用"三牛精神"赋能乡村振兴的各项事业，激发全面推进乡村振兴的潜能，加快农业农村现代化步伐，努力绘就乡村振兴的壮美画卷。

党在不同历史时期产生的伟大精神，内涵还将不断拓展，其本质内容和精神实质是相通的、统一的、一致的。乡村是充满希望的田野，全面推进乡村振兴必须凝聚精气神，保持高昂向上的斗志和坚定不移的决心，撸起袖子加油干，唯有如此，才能赢得乡村振兴的伟大胜利。

第十二章
乡风文明指标体系建设研究

乡村振兴战略从"产业兴旺、生态宜居、乡风文明、治理有效、生活富裕"五个方面提出了总体要求，其中乡风文明始终贯穿于乡村振兴的始终，是实施乡村振兴战略的灵魂所在。乡风文明建设就是通过深入广泛的思想道德建设，大力弘扬爱国爱乡、遵纪守法、家庭和睦、邻里团结、勤俭自强、诚实守信的道德风尚，不断提高农民群众的思想、文化、道德水平，形成崇尚文明、崇尚科学的社会风气。这些年，一些传统的、优秀的乡村文化逐渐式微，一些不良风气在农村蔓延，天价彩礼"娶不起"，人情礼金"送不起"，厚葬薄养，有的贫困村甚至出现"争当贫困户"等怪现象，乡风民风与新时代农民群众的精神文化需求还不相适应，与乡风文明的要求还有很大差距。以习近平新时代中国特色社会主义思想为指引抓好乡风文明建设，让乡村更美好，是一项重要而紧迫的任务。

一、乡风文明建设的重大意义

（一）乡风文明是乡村振兴的灵魂

在乡村振兴战略的总体要求中，乡风文明蕴含着丰富的内涵，体现社会主义核心价值观的建设，引领乡村文化前进的方向，是从根本上形塑农民群众的思想观念和价值取向，积淀乡村振兴战略底蕴和内涵的最基本、最深沉、最持久的力量。因此，乡风文明是乡村振兴的核心和灵魂，抓好乡风文明建设，就抓住了乡村振兴的内核力量。

（二）乡风文明是乡村振兴的动力

实施乡村振兴战略，乡风文明可以发挥十分重要的作用。乡风文明能够有效吸引城市资源要素向乡村流动，提高乡村产业附加值，促进产业兴旺；乡风文明可以为乡村生态文明建设提供良好的人文环境，通过教化、引导等方式，带动农民群众形成绿色的生产生活方式，有利于助推乡村生态宜居；乡风文明是治理有效的重要条件和成效体现，是生活富裕的重要内涵，体现着新时代乡村在物质生活和精神生活上的富足。因此，乡风文明贯穿于乡村发展的各个环节，为乡村振兴提供强大的精神动力。

（三）乡风文明是乡村振兴的保障

新时代的乡风文明，既要充分发挥优秀传统文化在乡村源远流长、底蕴深厚的优势，着力弘扬农耕文明和优良传统的时代价值，扩大其在凝聚人心、教化群众、淳化民风中的重要作用；又要与现代文明相结合，推动社会主义核心价值观落细落小落实，融入文明公约、村规民约、家规家训；还要推进移风易俗，治理农村婚丧大操大办、高额彩礼、铺张浪费、厚葬薄养等陈规陋习；更要加快发展农村文化、教育、体育等事业，健全农村公共文体服务体系，丰富乡村公共文化产品和服务供给。因此，乡风文明关系到乡村振兴的文明程度和成色质量，关系到广大农民群众的获得感、幸福感和安全感，是乡村振兴的重要保障。

二、乡风文明建设的主要内容

（一）加强农村思想道德建设

近年来，农民群众在物质生活水平不断提高的同时，出现了社会责任、公德意识、家庭观念淡化，与家人感情日益淡漠，导致不养父母、不管子女、不守婚则、不睦邻里等有悖家庭伦理和社会公德的现象，家庭的稳定性不断被削弱。为此，要以社会主义核心价值观为引领，深化中国特色社会主义和中国梦的宣传教育，坚持教育引导、实践养成、制度保障三管齐下，深入开展农村思想政治工作，在农村思想领域进行观念更新，帮助农民理解、掌握党的方针、政策，激发他们振兴乡村的积极性、主动性和创造性。要采取符合农村特点的方式宣传和引导，大力弘扬民族精神和时代精神，充分宣传农村道德榜样与典型，积极推进农村社会公德、家庭美德和个人品德建设，推进诚信建设，强化农民的社会责任意识、集体意识、规则意识、主人翁意识，让广大农民知道幸福是靠奋斗得来的，让思想道德建设为农村物质文明和精神文明的建设发展提供动力。

（二）开展移风易俗行动

不良的陋习旧俗不仅腐蚀社会风气，还会腐蚀文化根基。近年来，一些地方出现了婚丧陋习、大操大办、厚葬薄养、孝道式微、人情攀比等不良风气，影响了人际关系，分散了广大农民和基层干部实施乡村振兴战略的精力。为此，中央农办、中央组织部、中央宣传部、中央文明办、农业农村部等 11 个部门联合印发了《关于进一步推进移风易俗　建设文明乡风的指导意见》，为开展移风易俗行动指明了方向，提出了具体措施。俗话说："移山易，移风难。"各地有各地的婚丧嫁娶等风俗，有些已经传承多年，根深蒂固不易变革，不是发一个文件就能实现移风易俗的目标。这既是一场持久战，也是一场攻坚战，要强化村规民约等制度效力，树立勤俭节约的文明新风；广泛开展文明村镇、星级文明户、文明家庭等群众性精神文明创建活动，引导农民追求健康向上的生活方式；加强无神论的宣传和教育，抵制封建迷信活动；加强农村科普工作，提高农民科学文化素养；发挥群众组织作用，强化群众自我教育管理；加强养老保障体系建设，形成敬老爱老的良好风气。

（三）传承发展提升乡村优秀传统文化

文化体现了一个国家和民族发展的软实力，有凝聚人心、教化群众、淳化民风的作用，传承发展提升农村优秀传统文化十分重要。2017年2月，中共中央办公厅、国务院办公厅印发了《关于实施中华优秀传统文化传承发展工程的意见》，就传承发展中华优秀传统文化，增强国家文化软实力，建设社会主义文化强国，提出了明确的目标任务和具体措施。党的十九大报告指出："深入挖掘中华优秀传统文化蕴含的思想观念、人文精神、道德规范，结合时代要求继承创新，让中华文化展现出永久魅力和时代风采。"因此，乡风文明建设中包括传承发展提升乡村优秀传统文化的内容。要切实保护好优秀农耕文化，深入挖掘农耕文化蕴含的"天时、地利、人和"等优秀思想观念、人文精神、道德规范，采取活态保护的方式，推动农业文化遗产等的合理适度利用，运用"互联网＋"等技术手段，保护好文物古迹、传统村落、民族村寨、传统建筑等，支持农村地区传承发展优秀戏曲曲艺、少数民族文化、民间工艺等。

（四）加强农村公共文化建设

公共文化是一种具体明显价值导向的文化形态，包含着一定的伦理规范和价值诉求。公共文化服务除了存在不平衡和不充分的问题外，还存在农民群众参加文化活动积极性不高，文化活动供需不匹配，活动文化层次较低等问题。为此，必须明确农村公共文化建设的服务对象是农民群众；建设目标是满足农民群众迫切需要的公共文化产品和服务，让广大农民群众能够共享精神文明建设的成果；具体路径是统筹城乡公共文化设施布局、服务提供、队伍建设和资金保障，推动公共文化资源向农村倾斜，按照有标准、有网络、有内容、有人才的要求，健全乡村公共文化服务体系，以村民学堂、道德讲堂、文化礼堂等阵地建设为重点，加强推进基层综合性文化服务中心建设，并且不断完善服务功能，提升管理水平。与此同时，还要开展积极健康、群众喜闻乐见的精神娱乐活动，推进公共文化巡展巡讲巡演、送书下基层等流动服务，激活农村文化市场活力；加强基层文化资源整合，推进公共数字文化建设，实现县级图书馆、乡镇文化站、农家书屋资源共享；加快发展农村体育事业，形成以农民群众为核心、广泛覆盖的公共文体服务体系。

三、乡风文明指标体系的构建

（一）指标体系的构建

根据 2018 年中共中央国务院《乡村振兴战略规划（2018—2022 年）》、2018 年、2019 年中央 1 号文件、2019 年中共中央办公厅、国务院办公厅《关于加强和改进乡村治理的指导意见》、2019 年《中国共产党农村基层组织工作条例》、2019 年《关于进一步推进移风易俗 建设文明乡风的指导意见》等文件精神列此指标体系，旨在通过具体可操作的指标，对基层乡风文明建设的内容、方向、抓手予以指导。

本指标体系分为农村思想道德建设、农村公共文化建设、优秀传统文化建设、移风易俗行动等四大类，涉及 17 项测评内容和 62 个具体测评指标。指标总体分值为 100 分，指标赋值以均衡性为原则，指标属性分为约束性指标和预期性指标。评估按分数区分等级，分值＜60 分为不合格，≥60 分为合格，≥85 分优秀，≥92 分为非常优秀。指标体系使用时以行政村为单位，周期以年为计。本指标仅作研究探讨，不代表官方的要求。

指标分类	测评内容	序号	主要指标	单位	标准	指标属性	分值
一、农村思想道德建设	1. 中国特色社会主义和中国梦宣传教育	1	开展宣教活动次数	次	≥5	约束性	2.5
	2. 农村道德榜样评选与宣传	2	道德榜样评选表彰类别	类	＞5	约束性	2
		3	村民集中居住地设有善行义举榜	个	≥1	约束性	2
		4	道德榜样宣讲活动次数	次	≥3	约束性	2
		5	受市级及以上道德模范表彰人数	人	≥1	预期性	2
	3. 农村志愿服务	6	开展公益活动次数	次	≥5	约束性	3
	4. 村风家风建设	7	公示村规民约	处	≥1	约束性	2.5
		8	发放家规家训教育材料	次	≥1	约束性	2.5
	5. 人文关怀和心理疏导	9	开展健康教育活动次数	次	≥5	约束性	2.5
		10	设置心理工作室	个	≥1	约束性	2
		11	调解员设置人数	人	≥1	约束性	2

第十二章 乡风文明指标体系建设研究

（续）

指标分类	测评内容	序号	主要指标	单位	标准	指标属性	分值
二、农村公共文化建设	6. 文化体育娱乐设施建设	12	综合性文化服务中心建设数量	个	≥1	约束性	2
		13	图书室建设数量	个	≥1	约束性	1
		14	图书室管理员人数	人	≥1	约束性	1
		15	设置农村健身设施	处	≥1	约束性	2
	7. 文化体育娱乐活动	16	电视节目综合覆盖率	％	≥98	约束性	1
		17	网络终端入户率	％	≥90	约束性	1
	8. 群众文化活动	18	文化骨干队伍建设数量	个	≥2	约束性	2
		19	文化骨干队伍人数	人	≥20	约束性	1
		20	组织文体活动次数	次	≥3	约束性	1
		21	文化能人、基层文化队伍培训次数	次	≥3	约束性	2
		22	村民参加文体活动比率	％	≥60	约束性	2
		23	入村惠民演出次数	次	≥10	约束性	1
		24	村民对乡村两级公共文化服务满意率	％	≥80	约束性	2
	9. 农村教育事业	25	幼儿入园率	％	100	约束性	2
		26	九年制义务教育入学率	％	100	约束性	2
		27	15～40岁人口平均受教育年限	年	≥9	约束性	2
三、优秀传统文化建设	10. 乡村传统文化	28	有保存完好的历史遗迹	个	≥1	预期性	2
		29	有切实可行的传统文化遗迹保护措施	项	≥1	预期性	2
		30	传统节日组织特色文化展示或演艺	项	≥1	预期性	2
		31	对戏曲曲艺、民间工艺等非物质文化遗产传承人有能落地的支持政策	项	≥1	预期性	2
		32	修编村史村志	篇	≥1	预期性	2
	11. 乡村文化生态	33	文化骨干队伍人员构成多样	类	≥3	预期性	2
		34	具有地方特色、民族风情的乡村文化符号	种	≥1	预期性	1
		35	乡村风貌与原有建筑风貌、村落格局、人居环境无突兀之处	个	＜1	预期性	2
	12. 特色文化产业	36	有具有知名度的乡村文化品牌	个	≥1	预期性	2
		37	有具有特色的文化产品	个	≥1	预期性	2
		38	有乡村文化创意创作产业化扶持政策	项	≥1	预期性	2
		39	有固定的乡村文化建设专项资金	项	≥1	预期性	2
		40	有农耕文化产业展示区	个	≥1	预期性	2

（续）

指标分类	测评内容	序号	主要指标	单位	标准	指标属性	分值
四、移风易俗行动	13. 群众性精神文明创建活动	41	获县级及以上文明村称号	个	≥1	预期性	2
		42	文明户比例	%	≥30	约束性	1
		43	无违法经营的游戏厅、网吧、歌舞娱乐厅	个	<1	约束性	1
		44	无低俗文艺演出	个	<1	约束性	1
		45	无反动、黄色、迷信等文化音像制品流传	个	<1	约束性	1
	14. 农村科普工作	46	科普工作人员数	人	≥1	约束性	1
		47	每年集中科普次数	次	≥3	约束性	1
		48	农民接受科技培训率	%	≥20	约束性	1
	15. 公共安全	49	刑事案件发生数	起	<1	约束性	1
		50	治安案件发生数	起/千人	≤1	约束性	1
		51	村庄涉黑行为发生数	件	<1	约束性	1
		52	无黄赌毒达标户比例	%	≥100	约束性	1
		53	民事纠纷调解成功率	%	≥90	约束性	1
		54	群体性上访案件件数	件	<1	约束性	1
	16. 养老保障体系	55	适龄村民参加农村养老保险比率	%	≥80	约束性	2
		56	"五保"老人接受服务率	%	≥100	约束性	1
		57	农村留守老人关爱活动	次	≥3	约束性	1
		58	互助型养老设施	个	≥1	预期性	1
		59	农村康养产业项目	个	≥1	预期性	1
	17. 红白喜事	60	设有红白理事会	个	≥1	约束性	2
		61	红白喜事不奢办比重	%	≥90	约束性	1
		62	农村宴席服务队数量	个	≥1	预期性	1

（二）相关指标解释

1. 农村思想道德建设 包含中国特色社会主义和中国梦宣传教育、农村道德榜样评选与宣传、农村志愿服务、村风家风建设、人文关怀和心理疏导等5项内容。宣教活动：社会主义核心价值观教育和公民道德规范教育活动等。道德榜样评选表彰类别：如最美乡村教师、最美调解员、人民信任的好法官、好媳妇、好婆婆等。村民集中居住地设善行义举榜：在集中居住地的街道、院落、广场等，宣传展示当地的好人好事。道德榜样宣传巡讲活动：组织至少3～5名有突出事迹的道德榜样宣讲自身的善行事迹和行善心得。受市级及以上道德模范表彰：指近5年内获评市级及以上表彰的道德模范。开展公益活动：每年定期组织开展学雷锋志愿服务活动，定期组织开展送温暖、送爱心等志愿服务活动。公示村规民约：在公共场所至少有一处公示本村的村规民约。发放家规家训教育材料：每年至少发放一次与家规家训教育相关的学习材料。开展健康教育活动：针对老人、妇女、儿童等不同群体开展有针对性的健康教育。设置心理工作室：在村委会设置心理工作室，并配有 1～2 名专、兼职心理咨询师。调解员：有至少一名调解员，调解村民之间的纠纷。

2. 农村公共文化建设　农村公共文化建设包括文化体育娱乐设施建设、文化体育娱乐活动、群众文化活动、农村教育事业等 4 项内容。村综合性文化服务中心：如村民学堂、道德讲堂文化礼堂、文化站等。村图书室：包括乡村书屋、图书馆分馆等。有图书室管理员，每天定时开放。设置农村健身设施：指在村里的公共场所中至少有一处设置健身设施。电视节目综合覆盖率：电视节目综合覆盖率＝能接收到电视频道的家庭户户数÷本行政村所有家庭户数×100％。网络终端入户率：网络终端入户率＝接通网络终端的家庭户数÷本行政村所有家庭户数×100％。村文化骨干队伍：如戏曲队、乒乓球队、秧歌队等，每村不少于 2 个文化骨干队伍，每个文化骨干队伍的人数不少于 20 人。文体活动次数：每年组织不少于 3 次的村级文体活动。文化能人、基层文化队伍培训：每年组织不少于 3 次的培训活动。村民参加文体活动比率：每年文体活动总计有不少于 60％的村民参与。惠民演出次数：每年不少于 10 次的入村惠民演出。村民对乡村两级公共文化服务满意率：以问卷的形式进行测评，满意率需达到 80％及以上。九年义务教育入学率：要求适龄儿童入学率达到100％。平均受教育年限：乡村中的 15～40 岁人口平均受教育年限不少于9 年。

3. 优秀传统文化建设　优秀传统文化建设包括乡村传统文化、乡村文化生态和特色文化产业等 3 项内容。本部分的指标均为预期性指标。有保存完好的历史遗迹：行政村中存在不少于 1 处保存完好的历史遗迹。有切实可行的传统文化遗迹保护措施：针对传统文化遗迹出台切实可行的保护办法或规划。传统节日组织特色文化展示或演艺：重视传统节日，组织不少于 1 次特色文化活动。支持非物质文化遗产传承人：有不少于 1 项切实可行的政策支持非物质文化遗产传承人传承文化。修编村史村志：基于本村的历史，撰有至少 1 篇相关内容的文章。文化骨干队伍人员构成多样：如企业家、文化工作者、退休人员、文化志愿者等。特色乡村文化符号：有至少 1 种特色文化符号，如文物古迹、传统村落、民族村寨、传统建筑、农业遗迹、灌溉工程遗产、农业文化遗产等。乡村风貌：乡村风貌整体和谐美观，与原有的建筑风貌、村落格局、人居环境无突兀之处。特色文化产业：有至少 1 个具有知名度的乡村文化品牌，有至少 1 个特色文化产品，有至少 1 项关于乡村文化创意创作产业化扶持政策，至少设立 1 项固定的乡村文化建设专项资金。农耕文化产业展示区：指特色文化产业乡镇、文化产业特色村、文化产业群等。

4. 移风易俗行动 移风易俗行动包括群众性精神文明创建活动、农村科普工作、公共安全、养老保障体系建设和红白喜事等 5 项内容。获县级及以上文明村称号：指在县级及以上的评选活动中获得文明村称号。文明户比例：行政村中文明户比例占总体户数的 30％ 及以上。无低俗文化部分：无违法经营的游戏厅、网吧、歌舞娱乐厅，无低俗文艺演出，无反动、黄色、迷信等文化音像制品流传。科普工作人员：行政村中有不少于 1 名科普工作人员。集中科普次数：每年集中科普次数不少于 3 次。农民接受科技培训率：农民接受科技培训的比例不少于本行政村总人数的 20％。公共安全部分：每年行政村中无刑事案件发生，每千人发生不多于 1 起治安案件，村庄无涉黑行为发生，无黄赌毒户，民事纠纷调解成功率在 90％ 及以上，无群体性上访案件。农村养老保险：适龄村民 80％ 及以上参加农村养老保险。"五保"老人接受服务率："五保"老人是指实行"保吃、保穿、保住、保医、保葬"五保措施的老人，一般是基本丧失劳动能力的、无子女、无依靠、无生活来源的鳏、寡、孤、独老人。"五保"老人全部接受相关养老服务。农村留守老人关爱活动：针对农村留守老人，每年开展不少于 3 次的关爱活动。互助型养老设施：有一项及以上的互助型养老设施，如农村幸福院、互助社等。农村康养产业项目：有一项及以上的农村康养产业项目，如文化度假区、国学基地、休闲农庄等。红白理事会：设有一个红白理事会。红白喜事不奢办比重：红白喜事不奢办的比重达到 90％ 及以上。农村宴席服务队：行政村中有 1 个或以上的宴席服务队。

四、乡村文明指标体系的使用

（一）明确乡风文明建设的牵头部门

要让乡风文明的各项建设任务落到实处，让文化治理更加有效，必须有效整合各方面的管理力量，形成合力。乡风文明建设涉及到多个部门，各个部门都有其相应的管理职能和分工要求，必须明确乡风文明建设的职责，不能让乡村留下建设的死角，只有这些部门共同努力，才能有效实现乡风文明建设的目标。在国家层面必须明确一个牵头部门，由宣传部门（或文明办）或农业农村部门牵头，相关部门参与，建立部际联席会议制度，定期共同讨论各个部门在推进乡风文明建设方面能做什么，将有关职能进行有效的整合。在联席会议的成员单位磨合一段时间以后，再讨论各有关部门应该做什么。这样的部际联席会议制度在省、市、县也可以参考建立，便于统一协调和管理。

（二）构建基层协同治理机制

协同治理是多元治理主体合作共建、协调互动以达到善治的治理模式，这种模式需要完善文化治理体系，促进政府、基层组织、村民、社会组织充分发挥各自的效能。政府在文化治理中起着主导作用，需要为其他治理主体搭建平台、提供支持资金等；基层组织应发挥自治功能，充分组织、动员村民，反映村民的真实文化需求意愿；社会组织可以通过政府购买服务参与文化治理，还应大力培育乡土内生型文化组织，如戏曲队、篮球队等，吸引更多的村民参与到文化活动中。多主体的协同治理最终作用到村民本身，激发村民的主体性，培养村民的自我文化治理能力，将被动参与转换为主动出力，形成充满生机的文化氛围。

（三）实行地方差异化建设

根据国家乡村振兴规划的安排，乡村主要分为规模较大的集聚提升类村庄、位于城市近郊的城郊融合类村庄、极具文化传统的特色保护类村庄、不适宜生存的搬迁撤并类村庄。乡风文明建设应结合区域发展情况和不同乡村的发展现状、区位条件、资源禀赋、文化传统等因素，最大限度保护乡村的文化特质、历史文脉、民族风情，分类推进，实行差异化发展，尤其将支持经费向前三类村庄集中。

（四）建立评估小组

在现有体制下抽调宣传部门、文明办以及民政、文旅、农业农村等部门组建乡风文明建设评估小组，明确评估主体；同时建立完善软硬兼备的评估指标，不仅要考虑基础设施建设情况，还应考虑文化场馆、体育设施等使用频率、村民参与程度等软性指标，应把数量指标和质量指标结合起来，建立阶段性自评与第三方评估的机制，及时查漏补缺，提高评估效能。

参 考 文 献

安勇，2018. 浅析家规家训在乡风文明建设中的作用 [J]. 经济研究导刊 (17)：25-27.

鲍伯丰，2007. 农村文化建设在新农村建设中的作用 [J]. 商场现代化，(下旬刊) (3)：378.

步蕾英，王伟然，2010. 山东省农村文化消费状况及影响因素实证分析 [J]. 科学与管理 (1)：48-50.

曹茂，张敏，秦莹，等，2017. 云南农业文化遗产地少数民族村落特色民居景观保护研究 [J]. 云南农业大学学报 (社会科学版)，11 (6)：77-82.

曾岩，2007. 农村文化服务资源应该整合 [N]. 中国文化报，116 (2).

陈寒非，2017. 风俗与法律：村规民约促进移风易俗的方式与逻辑 [J]. 学术交流 (5)：108-117.

陈剑，2016. 老子译注 [M]. 上海：上海古籍出版社.

陈伟，2008. 中国农村文化产业 SWOT 分析与对策 [D]. 长沙：湖南大学.

陈志国，谭砚文，龙文军，2019. 传承农耕文明　助推乡村振兴——首届"农耕文明与乡村文化振兴学术研讨会"综述 [J]. 农业经济问题 (4)：140-144.

丹增，2006. 论我国西部文化产业的特色发展道路 [J]. 文艺理论与批评 (1)：4-8.

杜耀中，2019. 乡村民俗文化传承的路径探析 [J]. 人民论坛 (31)：92-93.

范立君，杨铭，2016. 松花江流域渔文化特色研究 [J]. 长白学刊 (3)：134-138.

费孝通，2008. 乡土中国 [M]. 北京：人民出版社.

付燕羽，2009. 赫哲族渔业文化及其成因 [J]. 原生态民族文化学刊 (2)：77-80.

傅莉，等，2017. 观赏鱼 (锦鲤) 价值评估方法探讨 [J]. 中国农业会计 (8)：52-57.

高维，2018. 乡土文化教育：乡风文明发展根基 [J]. 教育研究 (7)：87-89.

郜扬，2012. 论传承农耕文明的必要性 [J]. 北方文学旬刊 (9)：218-219.

郭冰，2014. 农事节庆在农业品牌建设中的作用及优势研究 [J]. 福建农林大学学报 (哲学社会科学版)，17 (4)：35-39.

韩海浪. 农村文化产业现状与发展路径研究 [J]. 商场现代化，2006 年 11 月 (上旬刊)：325-326.

汉中市文明办. 西乡县五丰社区：挖掘农耕文化　建设文明家园 [EB/OL]. 中国文明网. http://wenminghanzhong.cn/Article.aspx? page=1&webid=76.

贺云翱，2020. 乡村振兴过程中需保护利用文化遗产 [J]. 农村工作通讯 (1)：50.

洪湛侯，2000.《诗经》中的鱼文化 [J]. 浙江海洋学院学报 (人文科学版)，17 (3)：1-11.

侯霞，2013. 我国农村文化建设存在的问题及对策研究 [J]. 中共太原市委党校学报 (1)：17-19.

胡晓云，2011. 品牌传播智慧——20 个农产品品牌典范的专业解读 [M]. 北京：中国农业出版社：74.

胡云清，2018. 乡风文明建设要舞好党建"龙头"[J]. 当代党员（22）：33-34.

黄丁宁，等. 中国（临安）山核桃文化节暨山核桃开竿仪式：唱响的不仅是热闹，更有文化 [EB/OL]. 2010-3-26. http：//blog. sina. com. cn/u/1244086807.

黄鸿安，2015. 从发掘传统渔文化资源谈两岸经贸合作的发展路径——以浙台（象山石浦）经贸合作实验区为例 [J]. 特区经济（12）：36-39.

黄任远，傅明静，2003. 伊玛堪与优卡拉——中国赫哲族与日本阿伊努的民间文化比较之三 [J]. 佳木斯大学社科学学报（3）：72-73.

黄寿祺，张善文，2018. 周易译注 [M]. 北京：中华书局.

贾敬德，2000. 21 世纪中国淡水渔业展望 [J]. 淡水渔业（1）：3-6.

蒋高中，等，2012. 中国古代淡水养殖鱼类苗种的来源和培育技术研究 [J]. 南京农业大学学报（社会科学版），12（3）：88-93.

蒋高中，2008. 20 世纪中国淡水养殖技术发展变迁研究 [D]. 南京：南京农业大学.

焦雯珺，闵庆文，2015. 浙江青田稻鱼共生系统 [M]. 北京：中国农业出版社.

金掌潮，等，2008. 论淡水渔文化的开发及对产业的促进作用 [J]. 河北渔业（10）：56-58.

李爱苹，王金球，2012. 关于农村公共文化产品保障的问题研究 [J]. 经济研究导刊（10）：53-54.

李保林，丁素，田宪臣，1999. 市场经济与村镇文化建设 [M]. 郑州：河南人民出版社.

李海，2010. 农村文化产业的金融介入与金融支持体系构建 [J]. 学理论·中（4）：17-18.

李竣，陈洁，2019. 推进稻田综合种养，助力农业绿色高效发展——2018 年稻田综合种养跟踪调查报告 [J]. 科学养鱼（4）：1-3.

李平，2013. 渔业文化研究综述 [J]. 艺术文化交流（18）：321-323.

李秋林，2019. 探寻振兴新时代乡村文化的有效途径 [J]. 四川文理学院学报，29（4）：31-34.

李秀芳，2006. 新形势下农村文化产业建设的问题及出路 [J]. 中共四川省委党校学报（3）：47-50.

李秀忠，李妮娜，2014. 当代中国乡村文化建设问题研究 [M]. 山东：山东人民出版社.

李勇，2009. 苏南渔业发展中灿烂的渔文化 [J]. 安徽史学（4）：126-128.

励东升，朱小敏，2012. 传统渔文化资源的现代化转型——中国开渔节对传统渔文化的传承和发展研究 [J]. 海洋经济，2（6）：20-24.

连会有. 我国农村文化产业发展对策研究 [C]. 2006 年中国农学会学术年会论文集，397-399.

刘红梅，中国渔文化保护和发展现状与意义 [N]. 中国渔业报，2013-3-4（008）.

刘红梅，2013. 我国渔文化保护和发展探析 [J]. 农村工作通讯（5）：56-58.

刘景景，陈洁，2011. 洞庭湖区淡水渔业发展现状和制约因素分析——以湖南南县为例 [J]. 中国渔业经济，29（4）：166-171.

刘娟，2009. 农村文化建设中的政府职能研究 [J]. 法制与社会（31）：202-203.

刘树燕，2010. 我国农村文化消费发展问题探微［J］. 理论学刊（4）：78-80.

刘雅丹，白明，2014. 锦鲤［M］. 北京：海洋出版社.

刘彦武，2013. 社会力量参与新农村公共文化服务供给［J］. 四川行政学院学报（3）：9-11.

刘永格，2018. 推动移风易俗树立文明乡风［J］. 人民法治（23）：106-107

刘自兵，2015. 鲍鱼的社会价值与文化意蕴［J］. 南昌工程学院学报，34（2）：46-50.

龙文军，张莹，王佳星，2019. 乡村文化振兴的现实解释与路径选择［J］. 农业经济问题（12）：15-20.

龙文军，2018. 用文化振兴保证乡村繁荣中不失本色［J］. 农村工作通讯（15）.

卢勇. 重视农业文化遗产价值，助推乡村振兴［EB/OL］. 光明网——理论频道，2018-9-3. http：//theory. gmw. cn/2018-09/03/content _ 30956235. htm.

罗建军，雷锦霞，2009. 山西省农耕文化及观光休闲农业发展浅析［J］. 山西农业科学，37（11）：74-76，82.

吕思勉，2016. 中国通史［M］. 北京：群言出版社.

马永强，王正茂，2008. 农村文化建设的内涵和视域［J］. 甘肃社会科学（6）：75-78.

孟德拉斯（法），1991. 农民的终结［M］. 李培林，译. 北京：中国社会科学出版社.

孟静. 通川区将建川东北 首家农耕文化亲子乐园［EB/OL］. 达州日报网. http：//www. dzrbs. com/html/2016-03/01/content _ 177489. htm.

闵庆文，曹幸穗，2018. 农业文化遗产对乡村振兴的意义［J］.（17）：47-53.

闵庆文，2006. 全球重要农业文化遗产：一种新的世界遗产类型［J］. 资源科学（4）：206-208.

内蒙古文化和旅游厅. 渔业＋旅游 巴彦淖尔市磴口县打造休闲渔业旅游新模式［EB/OL］. 2018-1-29. https：//baijiahao. baidu. com/s? id ＝ 15909192350076659378.wfr ＝ spider&for＝pc

宁波，2010. 试论渔文化、鱼文化与休闲渔业［J］. 渔业经济研究（2）：25-28.

农业部农村经济研究中心课题组，2017. 重视农业现代化建设中小农生产的独特作用——基于传统农耕文化和生态文明的视角［J］. 农村工作通讯（23）：26-29.

农业农村部. 乡村休闲旅游为乡村产业拓展新空间［EB/OL］. 2019-12-20. http：//www. xccys. moa. gov. cn/gzdt/201912/t20191220 _ 6333647. htm

潘丹丹，2011. 当前我国农村文化消费存在的问题及对策研究［J］. 文艺生活·文艺理论（3）：273-274.

潘鲁生，2006. 保护农村文化生态 发展农村文化产业［J］. 山东社会科学（5）：120-123.

彭恒礼，2005. 民间节日中的集体记忆与身份认同——以广西壮族族群为例［J］. 大连民族学院学报（2）

彭金山，2011. 农耕文化的内涵及对现代农业之意义［J］. 西北民族研究（1）：145-150.

沈伯平，2014. 金鱼文化艺术欣赏［M］. 扬州：广陵书社.

遂昌县人民政府，2007. 渔文化长廊［EB/OL］. 遂昌县人民政府网，2018-1-12. http：//www. suichang. gov. cn/zwgk/jrsc/tpxw/201801/t20180112 _ 2711354. html.

孙妮，曲长祥，2007. 我国农村文化产业发展的地位、存在问题及对策研究 [J]. 科协论坛
　　（8）：395.

孙志毅，邹唯，2005. 我国农村传统文化产业的发展及对策 [J]. 农村经济（1）：99-102.

谭杰，2012. 赫哲族渔文化的形成及其传承机制 [J]. 学术交流（3）：64-68.

唐忠民．农村信用社支持文化产业发展问题研究 [N]. 吉林日报，2012-1-7（7）．

陶宝山，陈蓝苏，2000. 观赏鱼的文化价值和经济价值 [J]. 河南水产（4）：5-7.

陶思炎，1990. 中国鱼文化的变迁 [J]. 北京师范大学学报（2）：78-85.

同春芬，刘悦，2014. 渔文化的变迁及其蕴涵的文化价值 [J]. 泰山学院学报，36（10）：
　　35-40.

佟玉权，2010. 农村文化遗产的整体属性及其保护策略 [J]. 江西财经大学学报（3）：
　　73-76.

汪学杰，2018. 金鱼的养护鱼鉴赏 [M]. 广州：广东科技出版社．

王聪，2020. 传承红色文化的路径探析 [J]. 智库时代（5）：215-216.

王富军，2012. 农村公共文化服务体系建设研究 [D]. 福州：福建师范大学．

王佳星，郭金秀，2019. 农耕文化的内涵和现代价值探讨 [J]. 自然与文化遗产研究（11）：
　　20-23.

王佳星，龙文军，2019. 文化治理视角下的乡风文明建设 [J]. 江南大学学报（人文社会科
　　学版），18（6）：73-79.

王乐，2017. 唐代鱼文化相关问题研究 [D]. 西安：西北大学．

王森，2006. 把根留住：浙江省非物质文化遗产保护的前列思考 [M]. 浙江大学出版社．

王婷荣，2011. 青岛传统渔村文化研究 [D]. 青岛：中国海洋大学．

王为华，2009. 文化生态学视域中的鄂伦春传统渔猎文化 [J]. 学术交流（6）：169-173.

王燕，2018. 新时代传承红色文化的必要性及其路径选择 [J]. 河北广播电视大学学报，23
　　（6）：92-94.

王悦洲，2010. 扩大农村文化消费途径思考 [J]. 襄樊学院学报，31（9）：32-35.

魏小换，2015. 农业型地区的农民文化生活与文化建设——以中部地区 H 省农业型村庄为
　　例 [J]. 郑州航空工业管理学院学报，33（3）：125-131.

吴丽美，程国庆，2019. 乡村振兴战略背景下推动中华优秀传统文化传承与发展路径探析
　　[J]. 福建省社会主义学院学报（4）：64-69.

吴声怡，许慧宏，2007. 论民俗文化的产业开发——福建省农村文化产业发展的模式选择
　　[J]. 农业经济问题（1）：56-61.

吴瑶雯．高市乡摆放"渔文化"雕像 [EB/OL]. 青田网，2019-4-29. http：//
　　www. zgqt. zj. cn/5355632. html.

夏学禹，2010. 论中国农耕文化的价值及传承途径 [J]. 古今农业（3）：88-97.

新华社．中共中央办公厅　国务院办公厅印发《关于加强和改进乡村治理的指导意见》[EB/
　　OL]. 新华网，2019-6-23. http：//www. xinhuanet. com/2019-06/23/c_1124660587. htm.

徐威威，丁静静，马晓旭，2013. 农村居民文化消费问题研究——以江苏省为例 [J]. 农村
　　经济与科技，24（5）：150-152.

许品章，2014. 锦鲤［M］. 北京：化学工业出版社.

许屹山，宦佳韵，2018. 新时代红色文化传承普及的价值与规律多为审视［J］. 内蒙古农业大学学报（社会科学版）（3）：1-7.

薛荣，贾兵强，2009. 先秦中原农耕文化的内涵与再生机制［J］. 安徽农业科学，37（30）：15028-15030.

杨天宇，2004. 周礼译注［M］. 上海：上海古籍出版社.

杨旭东，2011. 地方性节日的文化内涵与诉求转型——关于侗族喊天节的调查与思考. 井冈山大学学报（社会科学版）（6）

姚丽萍，2011. 农村文化市场管理初探［J］. 管理观察（8）：24-25.

叶闽慎，程军，潘志敏，2012. 加大农村文化建设投入与监管问题研究——基于全国 29 省（市区）1226 个村庄问卷调查的分析［J］. 财政监督（21）：55-58.

佚名. 传统手工艺濒危？买卖是最好的保护，使用是最好的传承［EB/OL］. http：//mt. sohu. com/20161022/n471033209. shtml.

尹栾玉，2007. 社会主义新农村文化建设的制度经济学分析［J］. 税务与经济（2）：50-54.

喻峰. 挖掘渔耕文化打造乡村旅游精品［N］. 中国旅游报，2012-8-10（011）.

张勃，2005. 从传统到当下：试论官方对传统节日的积极干预［J］. 民俗研究（1）.

张灿强，龙文军，2019. 活态传承农业文化遗产助推脱贫攻坚及乡村振兴［J］. 自然与文化遗产研究（11）：30-33.

张璟，陈洁，2020. 中国淡水渔业产业文化初探［J］. 中国渔业经济，38（1）：94-98.

张良，2010. 农村文化的内涵分析［J］. 理论与现代化，2010（1）：17-22.

张良，2012. 政府主导、社会参与、市场配置：农村公共文化服务体系建设的理想模式［J］. 理论与现代化，2012（7）：25-30.

张奇新，2010. 重庆市推进农村文化产业发展问题研究［J］. 全国商情（理论研究）（4）：73-76.

张仁枫，肖曾艳，2012. 我国农村文化产业投融资机制路径探讨［J］. 当代经济管理（7）：44-48.

张伟平，2008. 杭州农村传统文化的保护与传承问题研究［J］. 中共杭州市委党校学报（3）：22-27.

张文禄，2019. 传统孝文化与乡风文明建设论析——以皖北为例［J］. 湖北工程学院学报（4）：24-28.

张莹，陈洁，2019. 中国淡水渔文化问题研究综述［J］. 自然与文化遗传研究（11）：79-85.

张莹，龙文军，刘洋，2017. 农村社会文化问题研究综述［J］. 农业经济问题（4）：102-107.

张莹，龙文军，2017. 论农耕文化的传承［J］. 古今农业（4）.

张莹. 疫情之下　乡村旅游要变"危"为"机"［N］. 中国城乡金融报，2020-3-4.

赵兰香，2012. 我国农村文化产业发展的 SWOT 分析及对策［J］. 安徽农业科学，40（4）：2487-2489.

赵颖，2007. 社会主义新农村文化建设的问题与对策研究［J］. 农村．农业．农民（A 版），2007（6）：20-21.

赵增彦，2010. 当前经济欠发达农村乡村文明建设存在的突出问题及对策建议［J］. 前沿，2010（13）：116-120.

郑俊义，2001. 西部地区依托文化资源优势发展文化产业问题探讨［J］. 兰州商学院学报（6）：105-107.

郑师渠，2020. 中国文化通史［M］. 北京：中共中央党校出版社．

郑文堂，等，2015. 休闲农业发展中的农耕文化挖掘［M］. 北京：中国农业出版社：28.

郑霞，2010，浅析农村文化市场管理现状、问题及对策建议［J］. 安徽农学通报，16（16）：25，29.

郑雪艳，2019. 关于灵台县加强乡风文明建设的实践与思考［J］. 智库时代（32）：120-130.

郑玉香，秦娇，2012. 农村文化消费市场现状及创新分析［J］. 商业研究（10）：169-172.

中央政策研究室，1997，农业部农村固定观察点办公室．农村文化消费：现状特征及计量分析［J］. 中国农村观察（2）：54-57.

钟茂初，2004. 可持续发展思想的理论阐释与实证分析［D］. 天津：南开大学．

周靖典，吴智雅．万亩农耕文化体验园初露真容 寻访古驿道上的稻海桑田文化之旅［EB/OL］. 雷州壹网，2018-6-1. http://www.lzeweb.com/news/.

周批改，李牡丹，2006. 农村文化事业发展中的筹资问题研究［J］. 湘潭大学学报（哲学社会科学版），30（1）：22-27.

周镕基，2011. 现代多功能农业的价值及其评估研究［D］. 长沙：湖南农业大学．

周三多，等，2011. 管理学——原理与方法［M］. 上海：复旦大学出版社．

周友谊，2015. 浅谈农村文化市场管理的功能与方法［J］. 科学中国人（8）：89.

后　记

　　2011 年，党的十七届六中全会作出了《中共中央关于深化文化体制改革 推动社会主义文化大发展大繁荣若干重大问题的决定》，部署了深化文化体制改革、推动社会主义文化大发展大繁荣的工作任务，进一步推动了社会主义文化建设新高潮。为了更好地传承和创新优秀农耕文化，让乡村文化在社会主义文化大发展大繁荣过程中不掉队，让乡村的发展注入更多的文化元素，让广大农民有更强大的文化自信，农业农村部农村经济研究中心于 2015 年成立了社会文化室，并在此基础上依托中心部分有兴趣的研究人员组建了一支乡村文化政策的研究团队。

　　本书就是团队近六年多项研究成果的阶段性总结。我们研究团队从 1 个人，走到现在有 7 个人。最初对乡村文化问题知之甚少，只能从文献综述的写作开始。在研究过程中，我们邀请研究乡村文化问题的著名专家学者先后召开了 10 多次研讨会，举办了 54 场砖塔文化沙龙，赴 10 多个省就乡村文化问题开展专题调研，参加了传统村落保护、乡村文化振兴等多次论坛，为山西省运城市等地编制了《乡村文化振兴和乡村文明建设规划》，开展重要农业文化遗产研究，组织"印迹乡村创意设计大赛"等。研究团队不仅壮大了，而且对乡村文化的研究越来越系统，成果越来越丰富，已经形成了对乡村文化全面系统的认知。我们还及时将研究成果提交中央农办、农业农村部领导，有些成果得到领导的肯定和批示，有些建议已经在各地得到具体落实，"印迹乡村创意设计大赛"已经成为我们推进工作的重要抓手。

　　在研究过程中，得到了南京农业大学王思明教授，中国农业博物馆曹幸穗研究员、徐旺生研究员、肖克之研究员等著名专家学者的指导。农业农村部离退休干部局巡视员戴军，社会事业促进司副司长侯曜禹、处长周峰、副处长赵蕾，农田建设司处长黎晓莎都给予了大力支持。政策与改革司副司长王宾和金三林鼓励团队调研传统村落保护问题，中国农村杂志社党委书记、社长雷刘功等为团队提供了大量交流的机会，全国乡村文化产业联盟副主席孙林、秘书长李同斌等鼓励团队开展深入的研究，农业农村部社会事业中心处长贾廷灿多次提供交流学习机会，浙江省长兴县委党校副校长施小荣与团队共同研究"和文化"。农业农村部

后　记

农村经济研究中心主任金文成欣然为本书作序，副主任陈良彪、陈洁为团队的成长提供了很多指导。科研管理处处长徐雪和相关处室同志积极为本书出版提供支持。中国农业出版社周益平老师反复校对书稿。在本书出版之际，特向给予我们大力支持的朋友们表示衷心感谢。

龙文军
2021年9月23日第四个中国农民丰收节之际